D1676682

Daniela Kuhn

Welche Heimat?

Zwei jüdische Lebensgeschichten
Chaviva Friedmann und Emanuel Hurwitz

Fotografien von Vera Markus

Limmat Verlag
Zürich

Den eigenen Weg gegangen

Chaviva Friedmann und Emanuel Hurwitz wurden beide in eine jüdische Familie hineingeboren. Sie 1925 in Berlin, er 1935 in Zürich. Während des Zweiten Weltkrieges bedeutete Berlin für Chaviva Friedmann Vernichtung oder Flucht – Emanuel Hurwitz war in der Schweiz geschützt.

Es liegen somit zwei jüdische Lebensgeschichten vor, die stellvertretend für ihre Generation sind. Typisch sind sie allerdings nicht, denn beide Gesprächspartner haben sich für unkonventionelle Wege entschieden. Sie haben sich im Laufe ihres Lebens immer wieder neu orientiert, sei es gesellschaftlich oder privat. Zuweilen schreckten sie auch vor radikalen Veränderungen nicht zurück. Was beide über ihr ganzes Erwachsenenleben jedoch als stabil und eindeutig positiv erlebten, waren ihre Berufe. Für Chaviva waren es auch ihre Freundschaften.

Beide Protagonisten haben auch mit meiner Geschichte zu tun: Als meine Mutter 1967 aus Israel nach Zürich kam, stellten ihr Bekannte Chaviva vor, die damals als Krankenschwester in der Klinik Bircher Benner arbeitete. Die beiden Israelinnen freundeten sich an, verloren sich in den kommenden Jahren dann aber wieder aus den Augen.

Vor drei Jahren fanden sie sich unter einem Dach wieder: Beide leben heute in einer Wohnung des jüdischen Altersheims in Zürich-Wiedikon. Chaviva wohnt zusammen mit Otto Friedmann, ihrem Mann.

Als ich Chaviva im Februar 2013 zum ersten Mal begegnete, sprach sie von einer Zeit, an die ich keine bewusste Erinnerung habe. Sie erinnerte sich etwa, wie ich als kleines Kind auf dem Sofa herumgeklettert bin. Und sie begann, mir ihr Leben zu erzählen. Ihre Rede glich einem reissenden Fluss. Offenbar war ich im richtigen Moment gekommen, denn Chaviva sagte: «Vor zehn Jahren wäre ich noch nicht bereit gewesen, dir das alles zu erzählen.»

Vor zehn Jahren hätte mir auch Emanuel Hurwitz seine Geschichte nicht offengelegt, weil er damals noch seine Praxis führte. Sie war mir während Jahren ein wichtiger Ort und Emanuel Hurwitz als Psychotherapeut eine prägende Figur für mein weiteres Leben.

Als ich ihn im Mai 2013 anfragte, ob er mir für dieses Buch sein Leben erzählen würde, rechnete ich mit einer Absage. Doch nach einer Bedenkzeit von wenigen Tagen sagte Emanuel Hurwitz zu. Als wir kurz darauf begannen, uns zu treffen, überraschte er mich ein zweites Mal. Denn er sprach sehr offen und liess schmerzhafte Brüche nicht aus, auch sehr persönliche Begebenheiten, die andere Personen betreffen, weshalb sie im vorliegenden Text nicht einfliessen konnten.

Die lebhafte Berlinerin und der in sich ruhende Analytiker unterscheiden sich in ihrem Wesen. Beide haben mich beeindruckt: Chaviva mit ihre Lebensbejahung, Emanuel Hurwitz mit seiner Menschlichkeit. Ich danke beiden für ihr Vertrauen.

Daniela Kuhn, März 2014

Drei Leben
Chaviva Friedmann

Anfangs wollt ich fast verzagen,
Und ich glaubt, ich trüg es nie;
Und ich hab es doch getragen –
Aber fragt mich nur nicht, wie?

Heinrich Heine

1

Tee und Kekse sind bereits aufgetischt, als mich Chaviva Friedmann im Februar 2013 erstmals in ihrer Wohnung empfängt, die zum jüdischen Altersheim in Zürich-Wiedikon gehört. Es ist früher Nachmittag, meine Gastgeberin hat nach der Schlafstunde schon Kaffee getrunken, «um ganz aufzuwachen». Am Telefon hatte sie mich gefragt, ob chinesischer Tee recht sei, «schinesischer Tee», worauf ich ihr «deutsches Deutsch» bemerkte und Chavia meinte: «Ja, ein deutsches Deutsch – ich bin in Berlin geboren.»

Während sie den Jasmintee aufgiesst, sehe ich mich im Wohnzimmer um. Am Fenster steht ein grosser Schreibtisch, daneben ein Büchergestell aus Holz, ein wunderbares Möbel aus den Sechzigerjahren. Hebräische Bücher sind darin eingereiht, «fast alles Werke von Freunden». Auf der anderen Seite reihen sich deutsche Klassiker: Heine, Goethe, Rilke. Die Schallplatten sind mit Schildchen unterteilt, von Kammermusik bis hin zu Oratorien. «Damit ich auf einen Blick sehe, was ich habe», sagt Chaviva. Der strenge Ordnungssinn der Jekkes, der aus Deutschland eingewanderten Juden, ist in Israel legendär. Und ins Auge sticht mir auch der Bauhaus-Lehnstuhl aus den Dreissigerjahren, den Chaviva von der Bircher-Benner-Klinik erhielt, wo sie viele Jahre gearbeitet hat.

Wir haben am Esstisch Platz genommen, da erscheint Otto Friedmann, der sich nach einer kurzen Begrüssung ins Büro begibt. Ihr Mann sei fünfundneunzig Jahre alt, sagt Chaviva: «Touch wood!» Sie selber ist auch schon siebenundachtzig.

Vor über vierzig Jahren haben Chaviva und meine Mutter sich in Zürich kennengelernt, dann aber wieder aus den Augen verloren. Heute wohnen sie unter einem Dach. Diese gekreuzten Wege verbinden uns, aber auch das Hebräisch. Ab und zu flicht Chaviva ein Wort oder ein paar Sätze mit starkem deutschem Akzent ein. Doch wir kehren zur deutschen Sprache zurück, und gerne höre ich ihre leicht antiquierte Sprache, die ich von anderen Jekkes kenne. Ich habe den Eindruck, es bleibe an diesem Nachmittag beim Kennenlernen, da sagt meine Gastgeberin: «Na, wollen wir anfangen? Was meinst du?»

Paul Rosshändler und Manja Hirsch lernen sich in Berlin, der Reichshauptstadt der Weimarer Republik, kennen. Beide sind polnische Staatsangehörige und stammen ursprünglich aus Krakau. Nach ihrer Heirat kommt im November 1925 Hanne-

Manja und Paul Rosshändler.

lore Cäcilie zur Welt, das erste Kind. «So hiess ich damals», sagt Chaviva: «Man nannte die Tochter nach der Grossmutter.» Die Familie wohnt in einer bescheidenen Wohnung an der Neuen Königsstrasse 20, in der Nähe des Alexanderplatzes und des Scheunenviertels, wo die orthodoxen Juden leben, «in einer Proletariergegend». Im Frühling 1929 reisen die Eltern mit Hanni ins ländliche Polen, um die Familie der Mutter zu besuchen. Chaviva erinnert sich bis heute an den Geschmack von Waldbeeren, die man gemeinsam suchte. Das kleine Mädchen spricht fliessend Polnisch, doch die Eltern sprechen unter sich und mit dem Kind deutsch. «Natürlich! Nur deutsch.»

Ein Jahr später wird Leo geboren. Hanni geht in die erste Klasse. Sie scheint eine rebellische Seite zu haben, denn im ersten Schulzeugnis steht, ihr Betragen sei «vorlaut und störend».

Hanni mit ihrem Bruder Leo.

Ob der Eintrag mit der bereits deutlich antisemitischen Stimmung zu tun hat, bleibt offen. Lehrer, die der nationalsozialistischen Partei (NSDAP) angehören, kommen in Uniform, in gelbbraunen Hemden und Stiefeln in die Schule. Eines Tages werden die Kinder gefragt, wer in die Hitler-Jugend wolle. «Alle meldeten sich – ich auch. Als ich zu Hause davon erzählte, waren meine Eltern schockiert. Am nächsten Tag kam meine Mutter in die Schule, um zu sagen: ‹Wir sind Juden. Meine Tochter geht nicht in die Hitler-Jugend.› Ich wurde von der Liste gestrichen.» Als Hanni in der ersten oder zweiten Klasse von einem Jungen, den sie nicht kennt, die Treppen hinuntergestossen und mit «Saujude!» beschimpft wird, melden die Eltern sie an einer jüdischen Schule an.

Bis zur Wahl Hitlers als Reichskanzler im Jahr 1933 zählt die jüdische Gemeinde Berlins rund hundertsechzigtausend Mitglieder. «Bereits vorher gab es Strassenkämpfe zwischen Kommunisten und Nazis. Du hast schon damals gemerkt: Die Nazis gewinnen.»

Hannilein, wie das Töchterchen von der Mutter genannt wird, und Leo sehen den Vater nur an den Wochenenden, denn er ist als Vertreter unterwegs. «Was er genau machte, weiss ich nicht. Ich habe nicht gefragt, ich habe mich nicht gekümmert. Mich quälen diese Gedanken bis heute. Das verlässt dich nicht.»

1934 verliert Paul Rosshändler seine Arbeit, weil er Jude ist. Ein Jahr später werden die «Nürnberger Gesetze» eingeführt, welche unter anderem die Ehe zwischen jüdischen und «arischen» Deutschen verbieten. Die Ausreise ist für Juden erschwert.

Am liebsten würden Paul und Manja Rosshändler ins englische Mandatsgebiet Palästina auswandern. Beide sind Zionisten. Die jüdische Einwanderungsorganisation Sochnut verkauft sogenannte Kapitalisten-Zertifikate, mit denen die Einreise nach Palästina möglich ist. «Ein solches Zertifikat kostete tausend englische Pfund, das war ein Vermögen.» Die Familie Rosshändler lebt mittlerweile in ärmlichen Verhältnissen. Junge Leute und Männer bis zum Alter von fünfundvierzig, die einen landwirtschaftlichen Beruf ausübten, erhalten eher Zertifikate. Auch Bauarbeiter sind gefragt. Paul Rosshändler besucht deshalb einen entsprechenden Kurs, der dann doch nicht weiterhilft, da nur wenige Zertifikate vergeben werden. Weil es in Palästina auch an Hebräischlehrern mangelt, lässt er sich bei Saul Aaron Kaléko, dem ersten Ehemann der Lyrikerin Mascha Kaléko, als Hebräischlehrer ausbilden. Er kann bereits recht gut Hebräisch, weil er in Krakau eine religiöse Schule besuchte, einen Cheder. «Ich erinnere mich, wie er ‹Don Quijote› auf Hebräisch las.» – Palästina ist die einzige Hoffnung.

Hanni geht mittlerweile in die jüdische Mittelschule, die sich an der Grossen Hamburger Strasse befindet. Sie und drei

Paul, Leo und Manja Rosshändler.

Mädchen ihrer Klasse sind Mitglied der zionistischen Jugendbewegung Makkabi Ha'zair, die sich immer stärker für die Alija, die Auswanderung nach Palästina einsetzt. «1937 meldete ich mich zur Alija an. Wie alle. Ich war glühende Zionistin. Die Eltern waren froh! Am liebsten hätten sie sich selber eingeschrieben, aber es war ja die Jugend-Alija.»

Am 28. Oktober 1938 klingelt es um sieben Uhr morgens an der Türe. «Wenn es um diese Zeit läutete, war das ein schlechtes Zeichen.» Hanni springt im Nachthemd als Erste auf und öffnet die Türe. Zwei Männer mit schwarzen Mänteln stehen da. «Sie sprachen nicht, sie bellten: ‹Wo sind die Eltern?› Ich rief meine Mutter. ‹Wo ist der Mann? Packen Sie einen kleinen Koffer und zehn Mark – und er kommt mit!› Fragen durfte man nicht, sonst wurde man gleich totgeschlagen. Meine Mutter packte ein Köfferchen. Ich spürte, es war ein Abschied, etwas Schlimmes.» Hanni zieht sich an und läuft dem Vater und den beiden Schergen nach, vier Stockwerke hinunter und bis zum Polizeipräsidium, ein riesiges Arsenal, in dem der Vater verschwindet. Lastwagen stehen davor, «die Männer darauf waren zusammengepfercht wie Tiere». Das breite Tor ist von der «Schupo», der sogenannten Schutzpolizei versperrt. Was Chaviva viel später erfahren hat: Jüdische Bürger mit polnischer Staatsangehörigkeit wurden eingesammelt, um sie an die polnische Grenze zu deportieren. «Aus den kleineren Städten nahm man die ganzen Familien, in Berlin, weil die Stadt so gross war, nur die Männer.» Das zwölfjährige Mädchen steht weinend vor den Polizisten und sagt: ‹Ich muss rein! Ich fahre nach Palästina und will mich von meinem Vater verabschieden!› Einer liess mich hinein, der hatte ein weiches Herz, dafür bin ich ihm dankbar bis heute. Es waren nicht alle Bestien, nein. Unter den Tausenden von Männern suchte ich meinen Vater. Ein Wunder, dass ich ihn gefunden habe. Ich sah auch meinen Onkel und den Vater meiner besten Freundin. Kurz vorher hatte ich eine Taschenuhr geschenkt bekommen. Ich nahm sie hervor und sagte: ‹Nimm Papi, das brauchst du!› Das war der Abschied, für immer.»

«Es ist einfach unvorstellbar, was du erzählst», sage ich zu Chaviva. Sie meint: «Gut, dass ihr euch das nicht vorstellen könnt. In Israel kam 1938 jeder von irgendwoher. Die erste Frage war immer: Woher kommst du? Hier im Altersheim fragte ich das mal eine Dame. Sie sagte: ‹Aus Zürich.› Ich fragte nach: ‹Und wie lange sind Sie schon hier?› Sie antwortete: ‹Sechsundachtzig Jahre, ich bin hier geboren.› Da ging mir ein Licht auf. Die können sich das nicht vorstellen! Du erkennst, wer das Exil erlebt hat. Meine ganze Lebensgeschichte geht auf diesen Bruch zurück.»

Was die Mutter arbeitet, weiss Hanni nicht. «Einmal wachte ich nachts auf und merkte, dass sie nicht schlief. Ich fragte: ‹Warum schläfst du nicht?› Sie antwortete: ‹Ach, ich denke gerade darüber nach, was ich euch morgen kochen soll.› Aber sie hatte gar nichts zu kochen!» Wenn sie am Morgen aus dem Haus geht, sagt die Mutter: «Ich geh aufs Gut.» Chaviva vermutete Jahrzehnte später, die Mutter habe eine Art Zwangsarbeit verrichtet, irgendeine Tätigkeit, bei der sie während ein paar Stunden irgendwie zu Geld kam.

«Keiner weiss es! Ich habe nicht danach gefragt. Du wirst diese Schuld nicht los: Warum hast du nicht gefragt!» – «Was hätte das geändert?», frage ich. «Geändert hätte es nichts», meint Chaviva, «aber einiges wäre doch anders gewesen, wenn ich geblieben wäre.» – «Aber dann wärst du auch umgebracht worden.» – «Ja, aber ich hätte ihr helfen können. Sie war ganz alleine. Viele sagen mir: ‹Ah, du hattest Glück!› Aber Glück ist etwas ganz anderes. Ich wurde gerettet anstatt jemand anderem. – Gefühle haben mit dem Verstand nichts zu tun.»

Eines Tages erhält Manja Rosshändler die Nachricht, ihr Mann sei in Krakau. Auf der Post wird ein Telefonat vereinbart, bei dem Hanni den Vater noch einmal spricht. (Die Polen, die keine weitere jüdischen Staatsbürger wollten, schoben die Waggons mit den polnischen Juden während Tagen immer wieder über die Grenze. Im Lager, das an der Grenze errichtet wurde, herrschten schreckliche Zustände. Eine Frau, die Paul Rosshändler in Krakau traf, wird Chaviva in Israel erzählen, ihr Vater sei im Pyjama bei Verwandten angekommen, weil er unterwegs alles verkauft habe, was er hatte.)

Henrietta Szold, eine amerikanische Jüdin, die bereits 1912 die zionistische Frauenorganisation Hadassa gründete, aus der später das gleichnamige Spital entstand, war auch in der Jugend-Alija äusserst engagiert. Unter anderem rang sie dem britischen Verantwortlichen in Palästina vierzig Zertifikate für jüdische Kinder im Alter zwischen dreizehn und fünfzehn Jahren ab: Fünfundzwanzig für Deutschland, fünfzehn für Österreich. Hanni erhält eines dieser vierzig Papiere. «Es war ein Zahlenspiel. Die Zertifikate wurden auf vier Jugendbünde aufgeteilt.»

Zu dem Versuch, «Kinder in der Wüste grosszuziehen», gehört ein zweiwöchiger Kurs auf einem Bauernhof in Rüdnitz, wo die Kinder Gemeinschaftsspiele und gewisse landwirtschaftliche Arbeiten lernen. Die Jugendlichen, die das «Vorbereitungslager» absolvieren, werden beobachtet und ausgewählt, nicht alle erhalten ein Zertifikat. Im Nachhinein, meint Chaviva, sei eines der Kriterien wohl die Gesundheit gewesen und das Verhalten in einer Gruppe ohne Eltern. Hanni gehört zu den Auserwählten und auch ihre Schulfreundinnen Fanny, Edith und Lea.

In der Nacht vom neunten auf den zehnten November 1938 wachen Hanni und ihre Mutter wegen berstenden Fensterscheiben und Gebrüll auf. «Wir kuckten von der Seite und sahen Nazis, die Menschen auf der Strasse attackierten. Es war klar: Man darf nicht raus. Und das ist jetzt wichtig: Ich hatte dunkelblondes Haar, ich sah arisch aus, das heisst, ich wurde nicht als Jüdin erkannt.» Um zu erfahren, was genau geschehen ist, schickt die Mutter Hanni zu Fanny, mit der sie in die Schule gehen soll. Vor dem Schulhaus liegt die Büste des Philosophen und Aufklärers Moses Mendelssohn auf dem Boden. Die Lehrer schicken die Kinder zu zweit wieder nach Hause. Fanny und Hanni haben sich schon getrennt, da sieht Hanni, wie eine Horde von Männern einen Juden am Bart durch die Strasse zieht. Die Leute schreien und lachen.

«Jetzt könnte man sagen: Und ist keiner gegangen, ihm helfen? Konnte man nicht, man wäre sofort erschossen worden.» Ein paar Schritte weiter sieht Hanni eine Horde, die in ein Haus eindringt. «Und ich mit! Ich hatte keine Angst. Ich bin mit dem Mob losgelaufen. Da sehe ich in einer riesigen Wohnung: Sie rauben und demolieren alles! Möbel, Flügel, alles tragen sie weg. Und am Boden lagen Bücher. Ich ging zerstört nach Hause und erzählte das meiner Mutter. Das nennt man euphemistisch ‹Kristallnacht›, aber es war ein Pogrom.»

Als junge Erwachsene habe ich viel über den Holocaust gelesen. Vielleicht wirken die von Chaviva geschilderten Szenen und Umstände deshalb auf mich irgendwie unwirklich, wie ein Roman. Vor meinem inneren Auge sehe ich Bilder, die ich nur aus Filmen kenne. Doch die Dringlichkeit, mit der Chaviva spricht, lässt mich spüren, wie aufgewühlt sie ist. Immer wieder ist sie den Tränen nahe. Sie erzählt so schnell, dass ich entgegen meiner sonstigen Gewohnheit kaum mitschreiben kann und froh bin, das Tonband zu haben. Kurz bevor ich es ausschalte, sagt Chaviva: «Weisst du, warum ich das erzähle? Es darf nicht mehr passieren. Aber ich bin davon überzeugt, es kann sich wiederholen. Wir sind die letzten Zeugen, und nur deswegen spreche ich darüber. Es ist wirklich 'ne Pflicht.»

2

Bei unserem zweiten Treffen nimmt Chaviva den Faden sogleich wieder auf. Ihre Erzählung hat mich bewegt, immer wieder ist sie mir in den letzten Tagen in den Sinn gekommen. Ich frage Chaviva, wie die Erinnerungen auf sie gewirkt haben. «Für mich geht es», sagt sie: «Ich kenne ja meine Geschichte.»

Hannis Alija-Datum ist der 27. März 1939. Die letzten fünf Monate in Berlin verbringt sie mit ihrer Mutter und Leo. Eines Tages wird Manja Rosshändler zur Gestapo zitiert. Der Mann, der sie verhört, fragt unter anderem, ob sie Jiddisch könne. Sie antwortet, sie spreche zu Hause deutsch, aber sie verstehe Jiddisch. Worauf er wissen will, wie der Satz ‹Ich hasse dich› auf Jiddisch laute. «Da hat's bei meiner Mutter geklingelt! Sie wusste: Das ist die Falle! Der Mann wird später behaupten, sie habe ihm diese Worte gesagt. Sie antwortete daher: ‹Wissen Sie, in unserer Sprache gibt es diesen Ausdruck nicht. Man kann nur sagen: Ich liebe dich nicht oder ich mag dich nicht besonders. Und sie kam raus! Zitternd kam sie nach Hause. Es war eine Art letzter Mut. Und sie hatte auch Humor, meine Mutter. Aber die Diktaturen haben keinen Humor, vor ihm haben sie am meisten Angst, weil er sie zersetzt.»

Mutig ist Manja Rosshändler auch ein anderes Mal. Hanni steht zusammen mit einer Traube von Menschen vor der Vitrine, in der die Seiten des «Völkischen Beobachters» zu lesen sind.

Die Mutter tritt hinzu und sagt: «Hannilein, das hier ist nichts für uns!» Die Angst vor Denunziation ist nicht nur in diesem Moment gross. Im Haus, in dem Rosshändlers wohnen, spricht die Mutter nur noch mit einem kommunistischen Paar.

Hanni bewegt sich noch immer mit erstaunlicher Sicherheit. Als sie eines Tages auf der Strasse mit dem dunkelhaarigen Sigi Kieselstein unterwegs ist, werden die beiden Kinder von einem Nazi angebrüllt: «Ich nehme euch mit aufs Revier!» Das dunkelblonde Mädchen wagt zu fragen, weshalb. «Das ist Rassenschande!» Hanni will wissen, was das heisst, und bekommt zu hören: «Du bist Arierin, und er ist Saujude.» Sie erklärt, auch sie sei Jüdin, aber der Mann lässt sich nicht umstimmen. Die Kinder werden abgeführt, und erst als ihre Identität geklärt ist, darf Manja Rosshändler sie abholen.

Ihre Mutter hat Chaviva in bester Erinnerung. Wenn sie selber heute Menschlichkeit in sich habe, meint sie, sei das ihr Verdienst. «Aber sie hat mich vergöttert. Ich war ein verwöhntes Kind, und das war ein Fehler, denn als ich von zu Hause weg war, hörte ich zum ersten Mal ein Nein. Das war auch ein Bruch.»

Von Palästina habe sie keine Ahnung gehabt, sagt Chaviva: «Ich kannte nur Postkarten, auf denen Wüste, Kamele und Dattelpalmen zu sehen waren. Wir dachten, es sei ein leeres Land. Aber das war nicht wahr!» Von 1936 bis 1939 revoltierte die arabische Bevölkerung Palästinas gegen die Masseneinwanderung, die zunahm, seit Hitler an Macht gewann.

Für die grosse Reise soll Hanni eine «Ausstattung für zwei Jahre» mitnehmen. Ihre Mutter hilft ihr, die wenigen Sachen, die sie hat, in Kisten zu verpacken. Unter Kleider und Schulsachen legt sie auch ihren wertvollen, mit einem Rubin bestückten Ring. (Er wird vom deutschen «Zensor» gestohlen, wie sämtliche wertvollen Gegenstände. Auf einer der Postkarten wird die Mutter fragen, ob der Ring angekommen sei.)

«Und euer Abschied?», frage ich. «Ich habe das nicht als Abschied gesehen, das ist die Tragik. Ich weiss nicht, wie ich sonst entschieden hätte», sagt Chaviva.

Es ist später Abend, als Hanni von Manja Rosshändler und ihrer Freundin Sonja Strenger zum Berliner Anhalter Bahnhof begleitet wird. Beide Mädchen tragen einen Koffer. Leo bleibt zu Hause. An den Abschied von ihrem Bruder erinnert sich Chaviva nicht. Als die drei am Bahnhof ankommen, treffen sie auf «eine fast nicht zu durchdringende Wand von Menschen». Alle drängen zu den Gleisen, um dem abfahrenden Zug winken zu können. Ein Vertreter des Palästina-Amtes fährt mit den Kindern und Jugendlichen mit. Hanni steigt «ziemlich fröhlich» in den Zug: «Ich war nicht traurig, ich hab mich eigentlich gefreut.» Manja Rosshändler und Sonja Strenger stehen beim Fenster. Als der Zug abfährt, sieht Hanni, wie ihre Mutter in Ohnmacht fällt. «Das Bild ist mir bis heute geblieben.»

In Triest übernachten die Kinder in einem billigen Hotel. Hanni trifft erstmals auf Wanzen. Das Schiff, mit dem die Reise weitergeht, heisst «Palästina». Es transportiert vor allem Jugendliche, zu denen auch Hannis rund vierzigköpfige Gruppe gehört, aber auch Erwachsene. Nach sieben Tagen ankert es am frühen Morgen am Strand von Tel Aviv. «Araber mit Pumphosen kamen uns holen. An Strickleitern kletterten sie hoch und nahmen je zwei von uns unter den Arm. Sie riefen uns auf Arabisch zu: ‹Jallah, jallah, imshi!› – ‹Schnell, schnell!›»

Die Sonne scheint. Nachdem die britischen Behörden die Ankömmlinge empfangen haben, werden sie in ein Gästehaus für Neueinwanderer einquartiert. Es ist kein gewöhnlicher Tag, denn bei Sonnenuntergang beginnt das siebentägige Passah-

Auf der Überfahrt von Triest nach Tel Aviv.

fest. Selbstverständlich feiern die Verantwortlichen der Jugend-Alija mit den Kindern den ritualisierten ersten Abend des Festes. Passenderweise erinnert es an den Auszug aus Ägypten, an die Befreiung der Hebräer aus der Sklaverei.

«Ich guckte um mich und sah nur Juden! Und eine jüdische Polizei, die den Briten unterstellt war. Zum ersten Mal habe ich frei geatmet.»

Nach wenigen Tagen fahren Hanni, Fanny, Edith und Lea im Bus, zusammen mit anderen Kindern und Jugendlichen, nach Jerusalem, in die Siedlung Zfon Talpiot, wo gutbetuchte deutsche Einwanderer zwei Villen zur Verfügung stellen, in denen ein Internat eingerichtet wird. Mädchen und Jungen werden getrennt, bis zu sieben Mädchen schlafen in einem Raum. Zwei Wochen nach ihrer Ankunft beginnt Hanni, Tagebuch zu führen. «Du konntest mit keinem sprechen», erzählt Chaviva, und auf Hebräisch fügt sie hinzu: «Nicht in der Sprache des Feindes sprechen!» Die Betreuer der Jugendlichen sind pädagogisch nicht ausgebildet, obwohl die Leiterin in Berlin eine jüdische Schule führte. Wichtig ist vor allem eines: So schnell wie möglich sollen die Kinder Hebräisch lernen. (Chaviva erinnert sich an keine einzige Stunde Unterricht.) Bereits nach einem halben Jahr werden sie in die Schule geschickt, zusammen mit Hebräisch sprechenden Kindern, die sie oft auslachen. Nachmittags arbeiten die Jugendlichen im Haus, in der Wäscherei und im Garten, zu dem auch ein Hühnerstall gehört. Zweimal wöchentlich verkaufen sie in der Stadt Blumen. Einmal reisst Chaviva versehentlich statt Unkraut junge Zypressen aus: «Das war eine Katastrophe! Von da an habe ich mich nicht mehr in die Landwirtschaft getraut. Oder erst wieder zehn Jahre später.»

Eine Zeitlang sprechen die Kinder untereinander noch Deutsch. Doch bald sollen sie auch neue Namen erhalten.

Hanni auf der «Palästina», März 1939.

Hannis Name kommt von Hanna, vom biblischen Namen Chana. Als Hanni von einem der Betreuer, einem Philosophen und Physiker, eines Tages drei ihr völlig fremde hebräische Namen zur Auswahl bekommt, sagt, sie habe bereits einen hebräischen Namen. «‹Chana geht nicht›, sagte er, ‹so heisst schon die Wäscherin aus der Altstadt.› Solche Zeiten waren das! Aber es war nur gut gemeint. Ich will niemanden anschuldigen. Gegenüber späteren Einwanderern hat man aus diesen Erfahrungen dann auch gelernt.»

Aufgrund des Klangs wählt sie den modernen Namen Chaviva, der so viel heisst wie «die Liebliche».

Doch Hanni ist in dieser Zeit nicht besonders lieblich, sondern verzweifelt. Sie entwickelt körperliche Symptome, sie flüchtet sich in undefinierbare Krankheiten. Ein Lichtblick sind die Nachbarn, die eine zwei- bis dreitausend Bücher umfassende Bibliothek haben. Das Mädchen stürzt sich auf die deutschen Klassiker und liest heimlich.

Nach Hannis Abreise will Manja Rosshändler zu ihrem Mann nach Krakau fahren. Im Juni 1939 erhält sie endlich einen Einreisestempel. Völlig erschöpft und in einem in jeder Hinsicht prekären Zustand trifft sie mit Leo in ihrer Heimatstadt ein. Hanni erfährt davon auf einer der Postkarten, die sie von ihren Eltern erhält. Ihre Mutter und Leo reisen weiter zu Verwandten, die in die Nähe von Lemberg auf dem Land leben, die beiden sollen sich dort erholen.

Fünf Monate nach Hannis Ankunft in Palästina überfällt Deutschland Polen. Der Zweite Weltkrieg bricht aus. In Krakau, das nun unter deutscher Besatzung liegt, wird ein Ghetto errichtet. Aus britischem Mandatsgebiet kann Hanni ihrem Vater fortan nicht mehr schreiben. Nur ihre Mutter, die mit Leo im russischen Teil Polens ist, kann schriftlich noch erreicht werden. Ihre Mutter schreibt, das Leben werde «russi-fiziert»: Leo muss in eine russische Schule und lernt zum grossen Kummer der Mutter alles andere als das, was dem deutschen Bildungsbürgertum entspricht. Manja Rosshändler schickt die Briefe aus Palästina an ihren Mann weiter. Bis er sie erhält, vergeht jeweils ein halbes Jahr.

Als Paul Rosshändler vom neuen Namen der Tochter erfährt, schreibt er zurück: «Mein geliebtes Kind, ich bin mit der Namensänderung nicht einverstanden. Wir haben dir so einen schönen biblischen Namen gegeben. Wenigstens soll es heissen: Chana-Chaviva.» Der Einwand des Vaters wird von der Internatsleitung nicht berücksichtigt.

(Die vier Briefe, die Hanni von ihrem Vater im Laufe von zwei Jahren erhalten hat, wurden in Warschau abgeschickt. Chaviva nimmt heute an, er sei im Ghetto von Warschau oder in einem Vernichtungslager umgebracht worden. Über den internationalen Suchdienst hat sie vergeblich versucht, mehr zu erfahren – es heisst, es gäbe keine weiteren Spuren.)

Als Deutschland im Juni 1941 Russland angreift, hört Hanni die Nachrichten auf BBC. Am Radio und aus der Zeitung erfährt sie, dass die Juden um Lemberg von den Deutschen eingesammelt wurden, um ein riesiges Grab zu schaufeln, in dem sie erschossen wurden. Den Zeitungsausschnitt legt sie in ihr Tagebuch. Ihre Mutter war zu diesem Zeitpunkt schon schwer an Typhus erkrankt. «Chavivati», so hat sie ihre Tochter in einem ihrer Briefe angeschrieben: «Meine Chaviva». Auch ihr Tod ist bis heute ungeklärt. «Ich hoffte, mein kleiner Bruder sei davongelaufen. Er wäre jetzt dreiundachtzig. Vor wenigen Jahren habe ich mich bei dem Suchdienst nochmals nach ihm erkundigt. Aber sie haben nie etwas gefunden.»

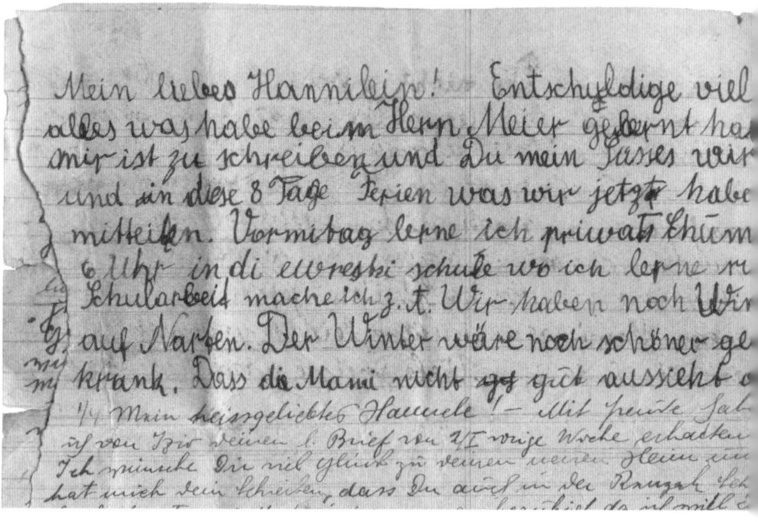
Mein liebes Hannilein! Entschuldige viel
alles was habe beim Herrn Meier gelernt ha
mir ist zu schreiben und Du mein Süsses wir
und in diese 8 Tage Ferien was wir jetzt habe
mitteilen. Vormittag lerne ich privat
6 Uhr in di evreski schule wo ich lerne
Schularbeit mache ich z. Z. Wir haben noch Win
auf Narben. Der Winter wäre noch schöner ge
krank. Dass die Mami nicht gut aussieht
1/4 Mein heissgeliebtes Hannele! – Mit Freude hab
ich von Dir deinen l. Brief vom 2/I vorige Woche erhalten
Ich wünsche Dir viel Glück zu deinem neuen Heim
hat mich dein Schreiben, dass Du auch in der

Der erste Mann aus der Shoa, dem Hanni begegnet, ist der Vater eines Mädchens, das mit ihr im Internat ist. Er erzählt, was im Lager geschieht. «Da wussten wir schon ungefähr Bescheid. Denn diese Geschichten waren ja wahr, das wusste man immer mehr.»

Aus New York erhält Hanni einen Brief ihrer Tante Laura, der Schwester ihrer Mutter, die kurz nach Ausbruch des Krieges mit ihrer Tochter Erna nach Amerika flüchtete. Die beiden Frauen sind amerikanische Staatsangehörige. Tante Laura schlägt Hanni vor, sie nach Amerika kommen zu lassen und zu adoptieren. Doch Hanni will ihre Gruppe nicht verlassen. «Ich war richtig beleidigt und fand: Was stellen die sich eigentlich vor? Ich muss doch hierbleiben und mithelfen, das Land aufzubauen!» (Chaviva hat ihren Entscheid, nicht nach Amerika auszuwandern, nie bedauert.)

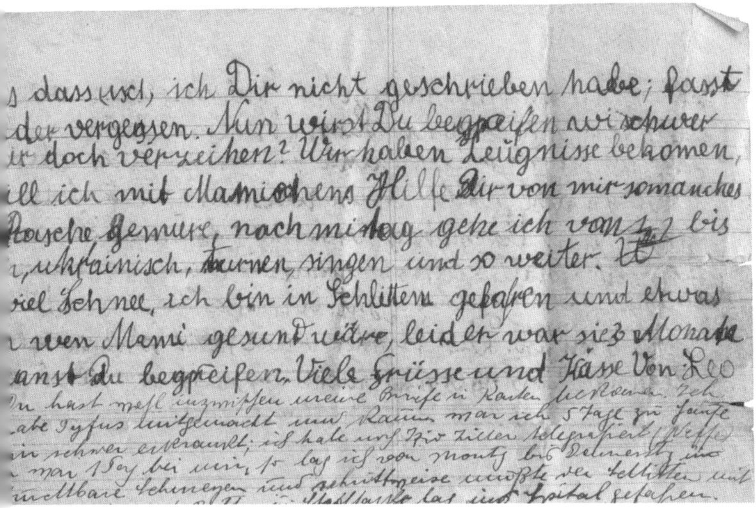
s dass wir, ich Dir nicht geschrieben habe; fasst
der vergessen. Nun wirst Du begreifen wie schwer
ir doch verzeihen? Wir haben Zeugnisse bekomen,
ll ich mit Mamichens Hilfe Dir von mir so manches
Rousche Gemüse, nachmittag gehe ich von 1/2 bis
i, ukrainisch, turnen, singen und so weiter.
viel Schnee, ich bin in Schlitten gefahren und etwas
wen Mami gesund wäre, leider war sie 3 Monate
anst du begreifen. Viele Grüsse und Küsse von Leo

Auszug aus einem Brief von Manja und Leo Rosshändler, den Hanni in Palästina erhielt.

Wenn jemand im Internat krank ist, bringt Hanni das Essen ans Bett. Die Aufgabe gefällt ihr. Sie möchte Krankenschwester werden. Ihre Mutter, der sie von ihren Berufswunsch schreibt, antwortet: «Mein teures Kind, das ist eine viel zu schwere Arbeit für dich, werde doch besser Kindergärtnerin.» Doch Hanni ist von ihrer Idee nicht mehr abzubringen: «Es war der einzige Plan in meinem Leben, für den ich gekämpft habe.»

Bevor ich mich verabschiede, bemerke ich die langstieligen roten Rosen auf dem Schreibtisch. «Die hat mir der Otto geschenkt», sagt Chaviva: «Wir hatten vor ein paar Tagen unseren sechsunddreissigsten Hochzeitstag.»

3

Bei meinem dritten Besuch liegt Chavivas Tagebuch aus ihrer ersten Zeit in Palästina auf dem Tisch. Auf der ersten Seite lese ich: «Tagebuch von Hanni Rosshändler», und darunter in hebräischer Schrift: «Tagebuch von Chana Chaviva Rosshändler.» Zwei Schriften, zwei Namen, ein Leben.

Die Schutzhülle aus blauem Stoff hat Chaviva damals selber bestickt. Ich darf das Tagebuch leihweise mitnehmen. Auf dem Heimweg ist mir die Kostbarkeit bewusst, die in meiner Handtasche liegt. Und als ich zu Hause darin lese, erinnern mich der Ton und die Dramatik der Umstände an das Tagebuch von Anne Frank.

13. September 1939
«Heute Abend ist Rosch Haschanah. Wie gerne möchte ich jetzt mit Mami, Papi und Leochen zusammen sein. Abends beim Essen versuchte ich alles Mögliche, meine Träume zu unterdrücken, aber es gelang mir nicht ganz.

Als ich von Berlin wegfuhr, wusste ich zwar, dass ich mich nach meinem Zuhause sehnen werde, dass ich aber so sehr wie jetzt darunter leiden würde, hätte ich nicht gedacht. In letzter Zeit ist mir so sehr ins Bewusstsein gekommen, dass ich hier in einem fremden Erdteil so ganz alleine bin. Jetzt kommt es mir so sehr zum Bewusstsein, dass die einzigen Menschen, die man ewig hat, Eltern sind. Alles, was ich besitze, würde ich dafür geben, um mit den Geliebten auch nur eine halbe Stunde zu sprechen. Werde ich sie in meinem Leben noch einmal sehen? Wenn ich mir das überlege, überkommt mich so ein schreckliches Gefühl der Einsamkeit.»

25. September 1940
«Oft überlege ich mir, was es überhaupt für einen Sinn hat zu

leben. Wozu so viel Ungerechtigkeit kennenlernen und so viel Leiden? Wozu all das? Oft, wenn ich etwas machen will, denke ich mir: Ach, es hat doch keinen Sinn, wie lange werd' ich denn noch leben? Und manchmal dagegen denke ich mir: Das Leben ist schön und kurz, da will ich es eben so gut wie möglich ausnützen und sehr, sehr viel lernen.»

2. Oktober 1940
«Nachmittag: Heute Abend ist Rosch Haschanah. Eben komme ich ins Zimmer, nehme mir die Zeitung und lese gerade: ‹Zwangsarbeit für alle Juden in Krakau!› Ob der Papi so etwas durchhalten kann?»

16. November 1940
«In den zwei Jahren, in denen ich hier war, hab ich die ganze Zeit einen Menschen gesucht, der mir ganz und gar entspricht. Da ich ihn nun nicht HIER gefunden habe, will ich an einen anderen Ort gehen, um vielleicht dort einen Freund zu finden. Da sagte Rifka mir, dass ich einen Menschen finden kann, der mir einigermassen entspricht, denn einen Menschen, der einem ganz und gar entspricht, findet man sehr, sehr selten, doch das muss ein besonderes Glück sein.»

22. Februar 1941
«Nun sitze ich hier und denke darüber nach, dass wir morgen nach En Gev gehen, und zwar habe ich sehr gemischte Gefühle dabei. Wir sind vierzehn Jungen und vierundzwanzig Mädels. Es ist selbstverständlich, dass einige Mädels von uns sich mit Jungen von der Hachschurah-Gruppe befreunden werden, und schon das allein würde das Zusammenfallen der Schavura (Gruppe) bedeuten. (...) Wie werde ich dort mit den Leuten auskommen?»

Chavivas Gruppe soll lernen, einen Kibbuz zu führen, und zwar am See Genezareth, in dem von Wiener Intellektuellen gegründeten Kibbuz En Gev. Das englische Recht verbietet jegliche Bautätigkeit, doch ein türkisches Gesetz, das auch noch immer gilt, besagt: Was in der Nacht errichtet wurde, darf man am Tag nicht zerstören. Viele kleine Gruppen, die Kibbuzim errichten wollen, nutzen dieses Gesetz. Über Nacht werden fertige Mauern hingestellt und in der Mitte des entstehenden Raumes wird ein Turm errichtet, zu dem später dann Baracken hinzukommen. Hanni wohnt – noch immer zusammen mit ihren drei Freundinnen aus Berlin – in solchen Baracken. Der Kibbuz liegt, als einzige jüdische Siedlung, am gegenüberliegenden Ufer von Tiberias, unterhalb der Golanhöhen. Mit den armen Fellachen, die in den umliegenden Dörfern leben, pflegen die Kibbuzniks eine gute Nachbarschaft. «Die reichen Araber und Grundbesitzer lebten in Jerusalem oder in Beirut in schönen Häusern, die brauchten das Landleben nicht.» Chaviva und die rund dreissig Jugendlichen erhalten Schulunterricht, bei dem sie aber nicht viel lernt. «Unsere Lehrer machten ihr Bestes, aber sie waren eben auch junge Menschen in ihren Zwanzigern.» Nicht die deutschen Klassiker zählen, ganz anderes ist gefragt. Im Rahmen des Vormilitärs wird den Jugendlichen Morsen, Lichtmorsen und Schiessen beigebracht.

Im November, nach neun Monaten, schreibt Chaviva in ihr Tagebuch, sie wolle En Gev verlassen:

«Ich kann einfach nicht. (...) Ich bin ein Mensch, der sehr liebesbedürftig ist und einen Ort braucht, von dem ich weiss: Dies ist mein Heim. Ich brauche auch einen Menschen, von dem ich weiss, dass er sich um mich sorgt. All dies fehlt mir in En Gev, und in Zfon Talpiot hätte ich es eventuell. (...) Ich möchte mich fürs Abitur vorbereiten und mich dann als Krankenschwester ausbilden lassen.»

17. Januar 1942
«Ich weiss gar nicht, was ich tun soll. Aber eins steht fest: Ich muss mich schnell entschliessen, denn lange halte ich es nicht mehr so aus in solch einer Ungewissheit.»

Sie bleibt in En Gev und arbeitet in der Krankenpflege und in der Klinik, die zum Kibbuz gehört. Viele Kibbuzfreunde leiden an Typhus, denn der See Genezareth liegt zweihundert Meter unter dem Meeresspiegel, im Sommer sinken die hohen Temperaturen nachts kaum ab. Chaviva und ihre Freunde schlafen unter Moskitonetzen in langärmligen Hemden und langen Hosen. «Unsere Kranken waren ganz schwere Fälle. Wir hatten alle Malaria, drei verschiedene Arten. Als Sanitäterin wurdest du Tag und Nacht gerufen, du musstest laufen, das war Schwerarbeit!» Auch ein Arzt wohnt in der Siedlung. Doktor Ragolsky, ein «sehr netter, hochintelligenter und hochkultivierter Mann», nimmt sich auch arabischer Patienten an, die ihre Rechnung in Naturalien bezahlen. «Sie hatten volles Vertrauen zu ihm. Wie er mit ihnen sprach, das weiss ich nicht. Denn wir haben nicht Arabisch gelernt. Das tut mir auch so leid, das hätte Pflicht sein müssen.» Vom Arzt und von der Hilfsschwester lernt Chaviva viel. Gerne würde sie die dreijährige Ausbildung zur Krankenschwester beginnen, die an verschiedenen Spitälern möglich wäre, mit Kursen allein will sie sich nicht zufriedengeben. Doch sie ist ein festes Mitglied der Gruppe, die sich selber als Kibbuz definiert. «Man sagte mir: Du lernst hier schon genug, wir haben kein Geld und können auch nicht auf dich verzichten.» Um sicher zu sein, dass auch später eine Ausbildung möglich sein wird, reist sie nach Jerusalem, um die zweiundachtzigjährige Henrietta Szold zu treffen, die ehemalige Leiterin der Jugend-Alija, dank deren Zertifikat Chaviva aus Berlin ausreisen konnte. Chaviva nennt die eindrückliche Dame in ihrem Tagebuch «ein Herzensgenie».

Am 27. September 1942 schreibt sie:
«Komisch! Der Tod schreckt mich gar nicht! Jede Stunde steht mir der Gedanke vor Augen, dass wenn Hitler kommt, er doch sicher die Leute hier richtig abschlachten wird. (Wort unklar) hätte ich noch grosse Lust zum Leben, aber es kann ja auch sein, dass ich sterben muss. Nur eines ist undenkbar: Was werden Papi und Mami sagen, wenn sie hören, dass ich nicht mehr lebe? Lieber möchte ich ihre Todesnachricht erhalten, als dass sie die meine erhalten sollen. – Eigentlich schäme ich mich richtig solcher schlechter Gedanken, aber was soll ich tun? Wenn man auch etwas gegen seinen Willen tun kann, aber gegen Gedanken und Gefühle kann ich nichts tun.»

Im selben Eintrag erwähnt sie Aufsätze von Martin Buber, die sie skeptisch kommentiert:

«Doch nun möchte ich wissen: Was soll ein Mensch tun, der sich den Mächten nicht anvertrauen kann, der nicht an sie glauben kann? Wo findet er seinen Halt?»

Und am selben Tag:

«Abends. Ich glaub, ich halt es nicht mehr aus! Eben habe ich in der Zeitung gelesen, dass alle Juden im Getto Warschau Fleckentyphus haben. Es heisst, dass alle Leute dort sterben, da sie doch gar keine Widerstandskraft mehr haben. – Was ist nun mit Papi? Ist das nicht auch eine Todesnachricht? Heute dachte ich noch, dass lieber ich sie bekommen soll als Papi und Mami – aber jetzt ... Ich glaub, ich kann das nicht überleben. Lebt er ... lebt er nicht?»

Im November 1942 wechselt Chaviva auf Hebräisch. Die letzten Sätze auf Deutsch lauten:

«Dass es Mächte gibt, ist mir ja völlig klar. Doch wie weit sie reichen, was sie sind, das geht mir nicht in den Kopf.»

4

Wenn ich dein Tagebuch lese, habe ich den Eindruck, du seist ein reifes Mädchen gewesen mit hohen Ansprüchen an sich und andere.

Ich war ein aufmüpfiges Kind. Für meine Umwelt sicher kein leichter Mensch. Ich nahm keine äusseren Direktiven an, nur meine Meinung galt. Es war eine Abwehr: Ich habe nie erlaubt, dass mir jemand zu nahe kam, niemand sollte mich über mein Leben ausfragen, da hab ich die Krallen ausgefahren. Lieber war ich unsympathisch oder abwehrend, als dass man mich irgendwie verletzten konnte.

Hast du ein Beispiel dafür?

Im Kibbuz galten für alle dieselben Rechte. Als Krankenschwester musste ich mir Respekt verschaffen. Da liess ich mir nichts sagen. Ich bestand auch auf meiner Schweigepflicht, etwa bei Abtreibungen, die ich zu vertuschen half. Wenn ich sagte: «So isses!», dann war es so. Mit mir konnte man nicht diskutieren. Ich beurteilte zudem jeden nach der Intelligenz, sehr definitiv und sehr resolut. Und ich war strikt verschwiegen, was mein Leben vor der Einwanderung betraf. Alle wussten: Darüber spricht sie mit keinem. Über vierzig Jahre habe ich nicht darüber gesprochen, bis in die Achtzigerjahre. Auch nicht mit nahen Freundinnen. Es war anscheinend zu schwer. Ich war auch trotzig und hatte ständig Konflikte. Viel später, in Zürich, nahm mich mal eine Ärztin zur Seite und fragte mich: «Schwester Chaviva, wieso sind Sie manchmal so giftig?»

Du hast einen weiten Weg zurückgelegt.

Ja, je älter ich werde, desto umgänglicher werde ich. Alles wird relativ. Heitere Gelassenheit, das ist mein Ziel.

Weitgehend hast du sie schon, nicht?

Das stimmt. In den letzten fünf Jahren immer mehr, und seit ich hier bin, sowieso. Es ist eine Art stoische Akzeptanz. Sachen, die du nicht ändern kannst, musst du akzeptieren. Ich sehe das halbvolle Glas, das habe ich mir angewöhnt.

Otto Friedmann geht an uns vorbei in die Küche, um Peperoni zu rüsten. Der Fünfundneunzigjährige kocht jeden Mittag für seine Frau und sich, «immer viel zu viel, aber sehr gut und gerne». Bei meinem letzten Besuch fragte ich ihn, ob er später vielleicht auch bereit wäre, mir seine Geschichte zu erzählen. Er antwortete, ohne zu zögern: Nein, er habe zwei Weltkriege erlebt, viel Schlimmes, über das er nicht sprechen wolle. Seine Worte waren so bestimmt, dass ich nicht versuchte, ihn umzustimmen. Otto Friedmann verabschiedete sich freundlich und ging zurück in die Küche.

1942 beschliessen die vierundvierzig Mitglieder von Chavivas Gruppe, sich für die Gründung eines neuen Kibbuz mit einer rund dreimal so grossen Gruppe von Pfadfindern zusammenzuschliessen. Es sind Sabres, das heisst, sie sind im Land geboren, die meisten als Kinder von russischen Einwanderern. Chavivas Gruppe zieht mit ihnen zusammen in ein temporäres Lager der Jewish Agency in der ländlichen Siedlung Pardes Chana. Die künftigen Kibbuzmitglieder wohnen dort in Baracken und werden angewiesen, wie sie eine selbständige Gemeinschaft aufbauen, die sich auf den Anbau von Orangen und Zitronen und auf die Haltung von Kühen, Schafen und Hühnern versteht.

Der Anfang ist schwierig, denn die Pfadfinder stammen aus bürgerlichen Verhältnissen und haben nicht mehr als eine vage Ahnung vom Leben in der Gemeinschaft, auch wissen sie nicht, «was Arbeiten heisst». Einmal kommt die Mutter eines Mädchens mit einem Kuchen vorbei und sagt: «Da sind zehn Eier drin, Nomi, das ist alles nur für dich!»

«Asiaten!», sei Chavivas Urteil über die neuen Kollegen gewesen, erzählte später ein Freund. «Gut möglich», sagt sie heute: «Mit unserer deutschen Kultur empfanden wir uns höher als alle anderen. Das war in ganz Israel so. Es gab eine Hackordnung. Die Sabres waren sehr direkt, sie hatten kein Benehmen, keinen Schliff. Aber bald lernten wir uns gegenseitig kennen und schätzen.» Viele der jungen Männer arbeiten in den englischen Militärcamps, manche Frauen gehen in Pardes Chana putzen. Chaviva möchte sich auch hier um die Kranken kümmern. Doch ihr wird gesagt, das sei schon die Aufgabe eines anderen Mädchens, deren Vater Arzt sei. «Das akzeptierte ich nicht. Schliesslich hatte ich ein Vorwissen. Ich fragte im Internat von Pardes Chana, ob ich als Kinderschwester arbeiten könne – das ging. Und als eine Scharlachepidemie ausbrach, übernahm ich zusammen mit einer diplomierten Schwester während eines halben Jahres die Nachtwachen. Ich hatte von allen den höchsten Lohn. Natürlich gab ich ihn in die Kasse des Kibbuz, aber es war dennoch ein sehr gutes Gefühl, als Frau einen so hohen Beitrag leisten zu können!»

In einem kleinen Büchlein, das in rotgemusterten Stoff gebunden ist, hat sie im Jahr 1943 mit blauer Tinte Gedichte notiert. Das erste stammt von Stefan George. Es folgen mehrere Gedichte von Goethe, eines von Hermann Hesse und einige von Li Tai Po, einem chinesischen Lyriker, der Ende des 19. Jahrhunderts in Europa bekannt wurde.

1941 sah Chaviva auf dem Markt in der Altstadt von Jerusalem, wie Araber Hakenkreuze auf Stoffe nähten. Die entsprechende Ideologie stammte von Mohammed Amin al-Husseini, genannt Mufti von Jerusalem. Der islamische Geistliche und palästinensische Nationalist, welcher der SS beitrat, verbreitete von Berlin aus auf Arabisch nationalsozialistische Propaganda.

Nach dem Ende des Zweiten Weltkriegs spitzte sich die Situation in Palästina zu. «Alle schossen auf alle», sagt Chaviva: «Araber auf Juden, Juden auf Araber, und nach 1945 wurde die jüdische Miliz aktiv, die Haganah, weil die Engländer die jüdische Einwanderung unterbanden. Einmal sprengte die Haganah in einer Nacht zehn Brücken der Engländer – das Land stand still. Später bekämpften sich die Haganah und die extremere Untergrundorganisation Irgun.»

Chavivas Gruppe erhält in dieser turbulenten Zeit unverhofft eine wichtige Rolle. 1946 unterbreitet die Führung der Haganah den künftigen Kibbuzmitgliedern einen Vorschlag: In Rechovot soll eine unterirdische Waffenfabrik entstehen, mit einem neuen Kibbuz als Camouflage. Die meisten Kibbuzmitglieder sollen in der Fabrik arbeiten, acht Meter unter der Erde mit ständiger Lüftung. Provisorisch sollen vor Ort eine Bäckerei und eine Wäscherei errichtet werden, damit gegen aussen erklärt werden kann, wohin die Arbeiter tagsüber verschwinden.

Laut englischem Recht steht auf Waffenbesitz die Todesstrafe. Doch Chaviva und ihre Kollegen zögern nicht: «Wir sagten ja.» Sie gehen eine mehrfach schwierige Situation ein: Damit das unterirdische Bauen geheim bleibt, sollen Besucher abgehalten werden. Gegen aussen werden allerlei Gründe angegeben, von der Maul- und Klauenseuche über Keuchhusten bis hin zur Diphtherie. Freunde von Kibbuzmitgliedern, die über Nacht in Rechovot bleiben, müssen um sechs Uhr in der Früh aus dem Haus. Als die unterirdische Munitionsfabrik steht, werden darüber Baracken errichtet, in welche die ersten Familien einziehen. «Eines Tages kam auch ich, zusammen mit den Kranken.»

Paare gibt es im Kibbuz erst wenige. Chaviva teilt die Baracke mit drei Frauen und drei Männern. «Wenn die Eltern zu Besuch kamen, mussten sie denken, wir hätten Gruppensex. Ich weiss nicht, was sie gedacht haben. Aber es waren rein kollegiale Beziehungen, mit innerer Disziplin. Wir waren äusserst puritanisch. Nur wer verheiratet war, bekam ein eigenes Zimmer.»

Chaviva ist einundzwanzig Jahre alt, als der Kibbuz beschliesst, sie in einen dreimonatigen Erste-Hilfe-Kurs für Kibbuz-Sanitäterinnen zu schicken, den die Haganah anbietet. In Bet Oren, versteckt in den Wäldern des Karmels, stehen die Zelte, in denen die jungen Frauen unterrichtet werden. Danach lässt sie sich im Krankenhaus von Afula als Hilfsschwester ausbilden.

Als En Gev beschossen wird, wird Chaviva angefragt, ob sie Hilfe leisten könnte. «Ich schämte mich, feige zu sein, also sagte ich: Gut! Damals hatte ich noch glattes Haar, das ich über Nacht um Stäbchen wickelte. Mir war klar, das wird im Schützengraben in En Gev nicht möglich sein. Also fuhr ich mit meinem wenigen privaten Geld zum ‹Salon Frida› nach Tel Aviv und liess mir Dauerwellen machen. Eine Tortur mit stinkender Chemie! Die Dame dort meinte: ‹Schönheit muss leiden!› Als sie mir die Lockenwickler abnahm, erkannte ich mich nicht wieder: Um Gottes willen! Ich sah aus wie ein Schaf! Mit einem Kopftuch kam ich in den Kibbuz zurück, wo sich aber schon herumgesprochen hatte, dass ich mir Dauerwellen machen liess. Dauerwellen im Kibbuz, das war eine Sensation! Nach En Gev musste ich dann gar nicht, weil eine andere Schwester gefunden wurde.»

Dein Äusseres war dir wichtig.

Immer! Und das war noch nicht alles: Ich war auch die Erste mit Seiden- oder Nylonstrümpfen. Als man mich darauf ansprach, sagte ich: «Wo steht denn geschrieben, dass wir die im Kibbuz nicht tragen dürfen?» Das brauchte schon Mut. Von da an wurde ich im Kibbuz ‹Die schwarze Reaktion› genannt.

Klingt schon fast subversiv.

Ich war immer gegen Stalin, gegen die Ideologie des russischen Biologen Lyssenko, der verkündete, wenn der Weizen so und so behandelt werde, könne man fünfmal jährlich ernten. Er übertrug das auch auf den Menschen, indem er sagte, die Erbeigenschaften seien durch die Umwelt bestimmt. Das boykottierte ich! Und subversiv war auch der ‹Fonds für die Erfüllung privater Interessen›, den ich gegründet habe: Ich sammelte bei Kibbuzmitgliedern, die auswärts Geld verdienten, damit meine beiden Freundinnen und ich hin und wieder per Autostop in Tel Aviv ein Konzert oder ein Theater besuchen konnten.

Der Camouflage-Kibbuz befindet sich direkt an der Bahnlinie Kairo–Beirut. Eines Tages ereignet sich eine riesige Explosion, bei der vier Eisenbahnwaggons den Hang hinunterfallen. Die jungen englischen Soldaten, die sich darin befinden, schiessen aus Panik in die Luft. Chaviva, die eine weisse Tracht trägt, rennt mit Uri, der Englisch kann, zu den Verletzten. Uri ruft: «Wir kommen euch helfen!» Chaviva und ihre Stellvertreterin finden Tote und Verletzte vor. Als Erstes muss Chaviva einschätzen, welches die dringendsten Fälle sind: Sie geht von einem Verletzten zum anderen, sie ordnet an, alle Morphiumspritzen zu holen und heissen Tee, und Bettlaken zu zerreissen, um die Wunden zu verbinden. «Die Ärzte haben mir später gesagt, ich hätte das wie ein Automat gemacht. Ich verbrauchte all mein Morphium. Einer schrie: ‹Mummy, mummy!› Es war ein Verbrechen.» Inzwischen kommt die Ambulanz der Siedlung Beer Jakov und natürlich auch britisches Militär mit bellenden Hunden und Detektoren. Als der letzte Verwundete wegtransportiert ist, legt sich Chaviva auf ihr Bett. «Erst da liefen alle Eindrücke vor meinem inneren Auge ab. Im Moment selber habe ich offenbar funktioniert.»

Den Sprengstoff gezündet hat der Irgun. Offen bleibt, ob der Ort der Explosion ein Zufall war oder nicht. So oder so: «Das Land war in einem Zustand des Terrors.»

5

Vor der Haustüre drücke ich auf die Klingel der Gegensprechanlage. Ich erwarte sie schon, die beiden Worte, mit denen mich Chaviva jeweils empfängt. Und da höre ich sie: «Daniela, willkommen!» Oben steht die Wohnungstüre offen, Chaviva ruft aus der Küche, ich solle eintreten. Obwohl wir noch immer Februar haben, trägt sie eines ihrer kurzärmligen Kleider mit Blumenmuster und keine Strümpfe. Sie ist gerade daran, den Tee zu brühen. Ich freue mich, sie zu sehen. Als wir am Tisch sitzen, ermahnt sie mich, aufrecht zu sitzen. «Wieso lachst du?», fragt Chaviva. Und ich sage: «Die Ältere erinnert die Jüngere an eine aufrechte Haltung, das ist doch wunderbar, nicht?»

Auf dem Tisch liegen die beiden Tagebücher aus der ersten Zeit in Palästina. Chaviva hat in den letzten Tagen darin gelesen. «Seit wir unsere Gespräche führen, kommen mir plötzlich Dinge in den Sinn. Ich hab mir dazu eine Liste gemacht. Zum Beispiel habe ich vergessen zu erzählen, dass ich in Talpiot plötzlich unter starkem Haarausfall litt. Wir waren zu dritt: Rifka, Margalit und ich verloren während einem halten Jahr Haare. Man hat uns untersucht und nichts gefunden. Ich erkläre mir das als Schockreaktion.

Über gewisse Details bin ich mir manchmal gar nicht sicher, denn ich weiss, wie die Erinnerungen mit uns spielen. Meine Freundin Zip in Israel erinnert sich an dieselben Dinge anders. Wenn ich etwas nicht weiss, kann ich sie anrufen, oder ich schaue im Tagebuch nach.» In eines der Tagebücher hat Chaviva gelbe Zettel geklebt. «Das sind Stellen, die mich angeregt haben, da siehst du, was mich in dieser Zeit beschäftigt hat.»

Am 29. November 1947 verabschiedet die UN-Vollversammlung mit einer Zweidrittelmehrheit die Teilung Palästinas in einen jüdischen und einen arabischen Staat. Jerusalem soll einem internationalen Regime unterstellt werden. Chaviva sitzt mit ihren Freunden am Abend im Esszimmer des Kibbuz, wo das einzige Radio steht. Die Spannung hält sich bis Mitternacht, und als die Stimmen gezählt werden und die Nachricht verkündet wird, brechen die Kibbuzfreunde in Jubel aus und tanzen Hora. «Aber wir wussten zugleich, dass Krieg ausbrechen wird. Und doch gab es jetzt ein Ziel.»

Eine halbe Million Juden leben in Palästina, als am 15. Mai 1948 David Ben Gurion die Gründung des Staates Israel proklamiert. Die umliegenden Länder reagieren sogleich: Ägypten, Transjordanien und Syrien schicken ihre Armeen, der Libanon und der Irak stellen Hilfskontingente. «An Sieg hat keiner geglaubt. Wir waren alle Soldaten auf Reserve.» Chaviva wird von Rechovot zum Magen David Adom geschickt, der hebräischen Version des Rotes Kreuzes. Sie lernt mit Schusswunden umzugehen und fährt in einer Ambulanz mit. Als Tel Aviv von Jaffa aus beschossen wird, nimmt die Equipe drei Verletzte auf, wie sich herausstellt, Mitglieder der radikalzionistischen paramilitärischen Organisation Lechi. Auf der

Fahrt zum Hadassa Spital wird auf die Ambulanz geschossen. Die drei Männer geben ihre Namen nicht preis. Sie sind zwar schwer verletzt, aber sie klagen nicht. «Das waren wunderbare Leute, die Tapferkeit in Person. In einen von ihnen habe ich mich fast verliebt. Ich glaube, sie überlebten, ich ging sie nachher noch besuchen.»

Nach der Staatsgründung kommt die unterirdische Waffenfabrik sozusagen ans Tageslicht, indem sie der neu gegründeten Militärindustrie angegliedert wird. Endlich kann Chavivas Gruppe den lange ersehnten eigenen Kibbuz gründen: Ma'agan Michael. Ma'agan heisst auf Deutsch Anker, Michael heisst der Ort zu Ehren von Michael Polak, der das Land in der Nähe der Siedlung Sichron Jakov von der Palestine Immigrant Colonization Association abgekauft hat.

«Da beginnt eigentlich erst der Kibbuz. Bis jetzt ist ja alles Vorgeschichte.»

Im Rahmen der «Hebräisierung» der Namen gibt Chaviva den Namen Rosshändler auf und erfindet einen neuen: Ron.

«Es ist eigentlich nicht zu glauben. Und jetzt langsam, wo du mich fragst, merke ich, dass alles von einem Ausnahmezustand zum anderen führte. Und dabei sollte man noch erwachsen und zur Frau werden. Mehr und mehr wurde mir später bewusst: Mir fehlte anscheinend die Vaterfigur. Das heisst: All die Jungs um mich herum, die schienen mir wie kleine Kinder. Ich musste Bewerber grob abweisen. Aber in Israel bist du mit fünfundzwanzig eine alte Jungfer. Als ich dann eine Verbindung einging, war es jemand, der viel älter war als ich. Anscheinend brauchte ich grade das. Das kann man nicht erklären, aber es war so. Die Kibbuzzeit war für mich sehr sehr schwer, denn ich war alleine in einem Kollektiv. Ich hatte in

Rechovot ja meinen Freund, der stadtbekannt war, verheiratet und viel älter, aber das war alles im Geheimen. Das heisst, ich war Freiwild, und das gab grosse Konflikte. Dann hatten alle kleine Kinder – ich nicht! Ich hatte ein Konzertabonnement, aber im Kibbuz hiess es: ‹Chaviva kann abends doch arbeiten.› Du fühlst dich alleingelassen. Und je kleiner der Kibbuz, desto schwerer ist es. Das ist wie in einem kleinen Dorf, es gibt keine Privatsphäre, jeder sieht jeden.»

Während sieben Jahren hat Chaviva im Kibbuz für ihren Berufswunsch gekämpft. Endlich gibt das Kollektiv grünes Licht für die Ausbildung zur Krankenschwester. Um am Beilinson-Spital in Petach Tikva aufgenommen zu werden, muss Chaviva zuerst Prüfungen ablegen in Physik, Mathematik, Biologie und Chemie. Sie besteht die Hürde und tritt im November 1949 endlich zur Ausbildung an. Chaviva ist vierundzwanzig Jahre alt, ihre Mitschülerinnen sind siebzehn oder achtzehn. Die Mädchen wohnen in den Baracken des Spitals.

1951 nimmt ein Mann mit Chaviva Kontakt auf. Er spricht Deutsch und sagt, er sei ihr Cousin aus der Nähe von Lemberg. Chaviva glaubt ihm nicht und will ihn nicht treffen. «Ich konnte nicht. Jahre später tat mir das sehr leid, und ich habe mich bei ihm gemeldet. Wir haben alles ins Reine bringen können. Das war die innere Abwehr, das war wirklich schrecklich.» Sie sucht nach ihren Eltern und ihrem Bruder und nimmt mit dem Internationalen Suchdienst Arolsen und der Suchstelle der Sochnut Kontakt auf. Nicht einmal mit ihren besten Freundinnen spricht sie darüber. «Da ist jeder in seiner Trauer. Das war kein Thema. Es war zu schmerzhaft. Und du warst im Leben auch sehr gefordert, das hat uns psychisch sicher gerettet. Wir hatten ein Ziel, alles lag auf unseren Schultern: diese halbe Million *nebbich,* den Kibbuz zu bauen, das

Land zu verteidigen! Später kamen dann Zehntausende Emigranten. Hätte ich diese Ideale nicht gehabt, das Ideal des gerechten Judenstaates, wäre ich vielleicht in ein Loch gefallen. Unter ‹gerecht› habe ich soziale Gerechtigkeit verstanden. Deshalb ist meine Generation heute in einer tiefen Depression: Wir stehen der politischen Situation sprachlos gegenüber. ‹Schlimmer geht's nimmer›: Das ist so! Nicht dafür haben wir gekämpft, aber das ist ein anderes Kapitel.»

Chaviva ist eine sehr gute Schülerin. Im ersten Jahr lernt sie theoretische Fächer wie Pharmakologie und Anatomie und absolviert Praktika auf den verschiedenen Abeilungen. Auch hier zeigt sich ihr eigenständiges Denken: Als ein Arzt anordnet, einem schwerkranken Patienten mit einer tödlichen Dosis Chloralhydrat einen Einlauf zu machen, weigert sich Chaviva, den Auftrag auszuführen. Niemand widerspricht ihr, der Einlauf wird nicht gemacht. Ein anderes Mal rügt Dina, die russische Oberschwester, die jungen Frauen, der Chefarzt habe sich beklagt, man würde ihn nicht grüssen. «Umgekehrt!», antwortet Chaviva: «Ich grüsste ihn, und er grüsste nicht zurück!» Worauf Dina meint: «Dann ist er ein Schwein!»

Das Beilinson-Spital nimmt in dieser Zeit die ersten neu eingewanderten Juden aus dem Jemen auf, die kein Hebräisch sprechen und fremde Krankheiten ins Land bringen. Das Spital wird später bezichtigt, deren Kinder verkauft zu haben, «Märchen, die sich bis heute unter den Jemeniten halten».

Jechie ist einer dieser jemenitischen Patienten. Eines Nachts ist Jechie verschwunden, die diensthabende Schwester ruft Chaviva. Ringsum liegen nur Felder, Chaviva ist beunruhigt und ruft die Polizei, doch nach ein paar Stunden taucht Jechie von selber wieder auf. Ein paar Tage später wiederholt sich Jechies nächtliche Abwesenheit. Als ihn Chaviva nach dem Grund fragt, antwortet er: «Ich habe angefangen, ein Kind zu machen, und ging nochmals hin, die Sache abzuschliessen.» Chaviva lacht: «Du musst das verstehen: Das waren die Begriffe der Menschen, so verschiedene Kulturen!»

In den Sälen liegen sechzehn Patienten, Zweierzimmer haben nur die «Bonzen», Vertreter der linken Prominenz. Etwa Yitzhak Sadeh, der Kommandant der zionistischen Miliz Palmach und Mitbegründer der israelischen Armee. «Es war eine Zeit, in der jeder jeden kannte, wie in einer grossen Familie. Ich hatte einen guten Freund, der sagte: ‹Es braucht keine Protektion, wenn man gute Freunde hat.›»

Gegen Ende des dritten Ausbildungsjahres wird Chaviva gefragt, ob sie Oberste Nachtschwester werden möchte. Sie lehnt ab, da es ihr gegenüber den diplomierten Schwestern an Autorität fehlt. Doch kaum hält sie ihr Diplom in Händen, übernimmt sie für ein halbes Jahr die Nachtwache für das gesamte Spital.

Nachmittags hat sie frei. Sie schätzt diese freien Stunden, oft geht sie ins Kino. Sie besucht Konzerte, nachdem sie für ein Abonnement eine ganze Nacht lang angestanden ist.

Nach einem Jahr, das ihr statt Militärdienst angerechnet wird, muss Chaviva Ende 1953 wieder in den Kibbuz zurück. Inzwischen leben dort bereits rund sechshundert Menschen, eine Krankenschwester und eine Hilfsschwester werden dringend benötigt. Die Rückkehr fällt ihr schwer, doch Ablehnen kommt nicht in Frage, «das war ganz klar».

Im Vergleich zu anderen Kibbuzim ist Ma'agan Michael schon gut organisiert. In dem neuen kleinen Kibbuz Bet Guvrin, der zwischen Jerusalem und Ashkelon liegt, kommt der Arzt nur einmal in der Woche für eine Stunde vorbei. Als Guerillakämpfer, sogenannte Fedajin, in jüdische Siedlungen einfallen, bittet Bet Guvrin Ma'agan Michael um Hilfe. Chaviva

Chaviva (im Fensterrahmen) mit ihren Freundinnen.

wird hingeschickt. «Es waren ganz junge Leute, wie wir damals. Von Hygiene war keine Rede. Ich fühlte mich wie im Kindergarten: Einmal sah ich in der Küche drei Schweine. Als ich fragte, was die hier suchen, sagte man mir: ‹Die fressen hier die Resten auf!› Ich hab sie dann verjagt. Schweine hatte der Kibbuz, um sie zu verkaufen. Das Fleisch wurde in Tel Aviv unter der Hand verkauft. ‹Weisses Fleisch› nennt sich das.» Dreimal am Tag kommen Auberginen in verschiedener Form auf den Tisch. Bei der nahen Polizeistation erhalten die Kibbuzmitglieder kostenlos Brot, auf das sie eine Art Marmelade streichen. Chaviva bittet ihre Freunde in Ma'agan Michael, ihr Kaffee zu schicken. Als sie ihr auch Zucker schicken wollen, lehnt sie ab, weil auch die anderen keinen haben. «Seither trinke ich den Kaffee ohne Zucker.»

Ein anderes Mal kommen die Schafe alleine vom Feld zurück, nachdem der Hirte ermordet wurde. Der Bus nach Tel Aviv fährt um sechs Uhr morgens, und von dort um sieben Uhr abends wieder zurück. «Stell dir vor! Das war unsere Verbindung. Und ich weiss gar nicht mehr, ob wir ein Telefon hatten.»

Nach einem halben Jahr kehrt Chaviva nach Ma'agan Micheal zurück.

Nur wenige Monate später fragt das Beilinson-Spital den Kibbuz und Chaviva an, ob sie als Lehrerin für auszubildende Schwestern zurückkommen könnte. «Da stand ich vor einem grossen Problem: Ich wusste, ich kann mein Leben im Kibbuz nicht so leben, wie ich will. Ich fühlte mich eingeengt, ich brauchte meine Privatsphäre. Also musste ich einen Strich ziehen.» So klar die Gründe sind, so schwierig ist der Austritt aus dem Kibbuz. Chavivas Freunde, die ihre Situation kennen, unterstützen ihre Entscheidung, obwohl sie sie auch bedauern. Böse ist ihr niemand. Ohne Geld, nur mit einer Matratze und einem schmalen Bett ausgerüstet, kehrt sie in das Beilinson-Spital zurück. «Das war damals so.»

Erstmals kann sie ihr Gehalt für sich ausgeben. Sie kauft sich ein paar wenige Möbel und zieht mit der Zeit in eine kleine Wohnung an der Rechov Arlozorov in Tel Aviv. Noch immer ist sie heimlich mit ihrem Freund zusammen.

Die praktische Arbeit mit den Schülerinnen gefällt ihr. «Es waren junge israelische Töchter, eine kam stillend in den Unterricht, ich hab das alles geduldet, ich fand das gut. Aber reinlegen konnten sie mich nicht. Einmal fragten sie mich, weshalb, da sagte ich ihnen: ‹Weil ich noch viel schlimmer war als ihr!›»

Eines Tages eröffnet ihr ihre Chefin, es gäbe die Möglichkeit, über ein Stipendium von der Krankenkasse im Ausland eine Zusatzausbildung als Lehrerin zu machen, in Schweden, England oder in den USA. Chaviva entscheidet sich für England. Sie ist jetzt dreiundreissig Jahre alt, der Vorschlag kommt im richtigen Moment. Denn sie sieht mit ihrem verheirateten Freund keine Zukunft. «Ich wusste: Solange ich in Israel bin, können wir uns nicht trennen. Ich musste einfach fort, so weit weg wie möglich. In dieser Zeit war ich auch in psychologischer Behandlung, denn ich hatte eine schwere Depression.»

6

Wir treffen uns nun regelmässig, zweimal wöchentlich, immer um halb vier Uhr, der Tee gehört zum Ritual. Ich freue mich jedes Mal, Chaviva zu sehen. Beim Hantieren in der Küche sagt sie: «Wenn wir mit diesem Projekt fertig sind, möchte ich auch mehr über dich erfahren.» Etwas will sie aber schon jetzt wissen: «Deine Mutter ist Jüdin, dein Vater war nicht jüdisch: Als was fühlst du dich?» Noch nie hat mich jemand so direkt danach gefragt, ich weiss nicht recht, was ich antworten soll, und sage: «Unter Christen fühle ich mich den Juden verbunden und unter Juden den Christen.» Ich weiss nicht, ob Chaviva damit zufrieden ist, aber wir machen da weiter, wo wir letztes Mal stehengeblieben sind.

Da Chaviva kein Englisch kann, nimmt sie vor der Abreise ein paar Englischstunden. Nomi und Atida, ihre beiden Freundinnen, die England kennen, warnen sie, dass sie mit den vierzig Pfund, die sie monatlich erhalten wird, nicht auskommen wird. Sie erklären sich bereit, Chaviva monatlich leihweise zehn Pfund zu schicken. Sie übernehmen auch die Bürgschaft für die im Vertrag mit der Krankenkasse vereinbarte Klausel, in der sich Chaviva verpflichtet, die Stipendien zurückzubezahlen, falls sie nach der Ausbildung nicht bei der Krankenkasse arbeiten sollte. «Und typisch Israel: Die Ausbildung zur Sister Tutor dauerte zwei Jahre, aber die Krankenkasse entschied: Chaviva, du machst das in achtzehn Monaten!»

Bevor sie fährt, nimmt sie auch mit ihrer Cousine Dita Kontakt auf, die in der Grafschaft Kent in Clivtonville lebt. Dita Hirsch war einen Tag vor Chavivas Abreise aus Berlin als Au-pair nach England gelangt.

Nachdem Chaviva ihre Wohnung in Tel Aviv vermietet hat, kommt der grosse Tag: Im September 1959 verlässt das riesige Schiff den Hafen von Haifa in Richtung Marseille. Chaviva leidet unter einer schweren Angina, ihre Freundin Nomi und deren Mann, der General, bringen sie in die Kabine. Ihre beiden Holzkisten geben sie ab, sie werden direkt nach England spediert. «Ich hatte auf dem Schiff einen Verehrer, den ich loswerden wollte. Also rannte ich in Marseille einfach davon zum Bahnhof. Ohne Sprache stehe ich mit einem kleinen Köfferchen da, und ich weiss nicht, was tun. Vor meinem inneren Auge sah ich den Anhalter Bahnhof in Berlin. Ich war wie betäubt, so einen grossen Bahnhof hatte ich seither nicht mehr gesehen. Erstmals hatte ich wieder Europa unter den Füssen. Als ich die Augen öffnete, sehe ich einen grossen Mann, der aussieht wie ein Kibbuznik. Ich ging auf ihn zu und probierte ihm mit dem wenigen Englisch zu erklären, dass ich ein Telefon nach Paris machen und eine Fahrkarte kaufen muss. Der Mann war mein Glück: Er beruhigte mich, und er konnte sogar ein wenig Deutsch, so dass wir uns irgendwie verständigen konnten. Ich rief die Freunde in Paris an und kaufte eine Fahrkarte. Dann lud er mich zum Mittagessen ein, wir sassen da und unterhielten uns über alles, es war herrlich! Als ich dann langsam zur Bahn aufbrechen wollte, fragte er: ‹Vielleicht bleiben Sie bis morgen?› Da sagte ich: ‹Tausend Dank, aber wirklich nicht!› Na, wenn du alleine so auf der Welt marschierst! Er begleitete mich dann noch zum Bahnhof, er hat mir wirklich sehr geholfen.»

In Paris wird Chaviva von einem israelischen Ehepaar erwartet, das im Auftrag der Kibbuzbewegung für die Einwanderung nach Israel wirbt. Die beiden zeigen Chaviva während einer Woche die Stadt, «es war wunderbar!». Von Paris fährt Chaviva weiter nach Calais, um dort die Fähre zu nehmen, die nach Dover hinüberfährt. «Auf dem Schiff ging es schon sehr englisch zu, es wurde ziemlich viel getrunken und war stürmisch. Die weissen Felsen von Dover waren sehr eindrücklich.» Chavivas Cousine Dita holt sie ab und fährt mit ihr in den Kurort Clivtonville, wo sie zusammen mit ihrem Mann ein kleines koscheres Hotel führt. Dita findet, Chaviva müsse ein Ohr für die Sprache bekommen. Also setzt sie ihre Cousine vor den Fernsehapparat, wo Chaviva auch den Smalltalk der jüdischen Gäste aus London verfolgen kann. «Ich habe mich köstlich amüsiert, wenn sie sich während einer Stunde über die gemeinsame Gegend in London unterhielten.»

Vor Beginn des Studiums fährt Chaviva nach London, um sich am Battersea College vorzustellen. «Die sahen, dass ich kaum Englisch sprach, was einen komischen Eindruck gemacht haben muss. Aber sie waren so tolerant und zuvorkommend: grossartig!» Als das Trimester beginnt, zieht Chaviva ins Florence Nightingale Hostel an der Cromwell Road, wo unter dem scharfen Blick einer Aufsichtsdame angehende Krankenschwesterlehrerinnen aus Kenia, Pakistan, Indien und Hongkong logieren, aus dem ganzen Raum des Commonwealth. Die jungen Frauen stehen unter Druck: Wer den Stoff nicht beherrscht, wird nach einem Jahr nach Hause geschickt. Ein Scheitern kommt für Chaviva keinesfalls in Frage. Und doch fällt es ihr in den ersten drei Monaten nicht leicht, dem Unterricht zu folgen. Unter den männlichen Kollegen sind auch Männer, ehemalige Samariter des Zweiten Weltkriegs. Mr. Woolf bietet ihr an, ihr seine Hefte auszuleihen, die sie nachts in der Bibliothek abschreibt und natürlich auf Hebräisch übersetzt. «How funny», meint die ihr gegenübersitzende Kenianerin, die sie von rechts nach links schreiben sieht. Und «how funny», findet wiederum Chaviva, wie die Kollegin aus Hongkong von oben nach unten schreibt.

Die Nächte in der Bibliothek sind lang. «Um sie durchzuhalten, liess ich mir über meine Freundin Atida für den Abend Aufputschmittel und für die kurze Nacht Schlafmittel schicken. Ein El-Al-Pilot, den Atida kannte, brachte sie mir. Er meinte: ‹Dass man das eine oder das andere benötigt, kann ich verstehen, aber beides?›»

Zum Programm gehört auch löslicher Kaffee in rauen Mengen, mit dem sie das opulente Frühstück hinunterspült: Porridge, Bohnen und Fisch: «Beans and kipper – schrecklich! Aber das habe ich in mich hineingefressen, weil es bis zum Abendessen dann nur noch einen grossen Apfel und Kaffee gab.»

In diesen ersten drei Monaten sieht sie von London nichts als den Weg vom Hostel zum College und zurück, doch dann besteht sie die ersten Prüfungen, zu denen sie mit Wörterbüchern antreten darf – ein angenehmeres Kapitel beginnt. Endlich hat Chaviva Zeit, um die vom Kibbuz vermittelte Mim Goldschmidt anzurufen, eine ältere deutsche Jüdin, die seit Jahren in London lebt. Mim führt sie durch die Stadt, sie zeigt ihr den riesigen Kew Garden: «Die Welt öffnete sich! Ich begann, frei zu atmen!» Über Mim lernt sie am Ende des ersten Jahres ursprünglich tschechische Juden kennen, die ihr den obersten Stock ihres Hauses kostenlos zur Verfügung stellen. Als ihre israelische Freundin Atida sie besuchen kommt, fährt Chaviva mit ihr ans Edinburgh Festival und sogar für eine Woche nach Paris, wo sich die Männer nach der schönen Atida umdrehen.

Das wenige Geld, das Chaviva dank den zusätzlichen zehn Pfund hat, gibt sie für Konzerte und Theater aus. Endlich kann sie alleine ins Theater gehen, ohne das Gefühl zu haben, schräg angeschaut zu werden. «Die Zeit in England war für mich ein Wunder. Das zweite Jahr war einfach wunderbar, es setzte Massstäbe! Die englische Theaterkunst ist etwas Einmaliges. Ich zehre heute noch davon!»

Im zweiten Jahr geben die Studenten in der eigenen Schulklasse Probelektionen, einmal in der Woche erhalten sie Anschauungsunterricht im Spital. In den Sälen stehen bis zu vierunzwanzig Betten – Chaviva ist über die hygienischen Zustände schockiert.

In den Ferien, in denen Mr. Woolf sie zu seiner Familie nach Wales einlädt, sieht sie riesige Kohlengruben und ärmliche Dörfer. Zwei ältere District Nurses in Cornwall beherbergen sie und führen sie in ihren Schwesternalltag ein, von der Hausgeburt bis hin zur Bettflasche an den Füssen. «Alles war neu, und ich genoss es!»

Sechs Wochen vor den letzten Prüfungen schreibt Chavivas Freundin Nomi aus Ma'agan Michael, ihr Mann käme demnächst nach London, sie habe ihm gesagt, er solle sie treffen und nach Paris einladen. Meir Sorea, genannt Saro, ist ein hoher Offizier. Als ihn Chaviva im Hotel aufsucht, lädt er sie für drei Tage nach Paris ein. Chaviva erhält vom Schulleiter die Erlaubnis dazu. Sie sitzt das erste Mal im Leben in einem Flugzeug. Saro führt sie aus, etwa an ein Konzert der Chanson-Sängerin Barbara. Es sei völlig klar gewesen, sagt Chaviva heute, dass der Mann ihrer Freundin keine weiteren Absichten hatte: «Er war ganz strikt! Ich hatte ein Hotelzimmer, er wohnte bei Freunden.» Während er beim Coiffeur ist, geht sie ins Museum und kauft sich Kirschen, deren Steine sie an der Place de la Concorde so weit wie möglich ausspuckt. Noch heute erinnert sie sich an das Freiheitsgefühl, das sie dabei verspürte.

«Take care of her», sagt Saro, als er Chaviva am Flughafen der Stewardess übergibt. Mit dem Flugzeug, das ihn nach Argentinien bringt, wird eine Woche später Adolf Eichmann nach Israel entführt, der bei der Ermordung der Juden Europas eine zentrale Rolle spielte.

Nach ihrer Rückkehr büffelt sie und legt die Prüfungen erfolgreich ab, als Einzige ihrer Klasse ohne das Fach Public Health, und somit bereits nach achtzehn Monaten. «‹Na gut›, dachte ich, ‹ich bleibe noch hier, ich hab ja noch Geld.›» Sie geht ins Konzert, hört Mahler, gesungen von Dietrich Fischer-Dieskau und Elisabeth Schwarzkopf, «die Namen waren ein Begriff!» Und sie geht noch immer oft ins Theater. Doch nach zwei Jahren leert sich langsam die Kasse, und eines Tages reist Chaviva nach Israel zurück.

Der Anfang ist hart. Sie wohnt wieder in ihrer kleinen Wohnung in Tel Aviv. Als die Krankenkasse in Beer Sheva eine

Schule für Krankenschwestern eröffnet, wird Chaviva für ein Teilzeitpensum engagiert. Beer Sheva liegt in der Wüste – die restliche Zeit arbeitet sie im Beilinson-Spital in Petach Tikva. «‹Ja, gut›, sagte ich, ich konnte zu keinem Vorschlag nein sagen. Ich fühlte mich verpflichtet, nachdem sie so auf mich gesetzt haben.» Um sechs Uhr morgens besteigt sie in Tel Aviv das Sammeltaxi nach Beer Sheva. Der dortige Einsatz endet nach drei Monaten. Chaviva unterrichtet nun im Beilinson-Spital, wo hundertzwanzig junge Frauen ausgebildet werden. Sie hält sich daran, was sie in London gelernt hat: «Manchmal bereitete ich eine Lektion zwölf Stunden lang vor, was die Leiterin natürlich übertrieben fand.» Das Unterrichten gefällt ihr, aber sie fühlt sich zunehmend gefangen in einem Leben, das aus Arbeit und Alleinsein besteht. Sie will die heimliche Beziehung, die sie vor ihrer Reise nach England führte, nicht wiederaufleben lassen und versucht, ihren Freund nicht wiederzusehen, doch die Situation ist verfahren.

7

Es ist der Spätsommer des Jahres 1964, im November wird sie neununddreissig Jahre alt sein. «Du musst dein Leben ändern» – der Schlusssatz des Rilke-Gedichtes «Archaischer Torso Apollos» geht ihr durch den Kopf. «Ich war im Beilinson für fünf Jahre verpflichtet, aber nach eineinhalb Jahren spürte ich, dass ich wegmuss. So weit wie möglich. Aber Israel ist klein.»

Eines Abends fällt ihr in der Zeitung «Ha'aretz» ein auf Englisch verfasstes Inserat auf, in dem eine erfahrene Krankenschwester für einen depressiven Patienten in Genf gesucht wird. Ihre beiden besten Freundinnen ermuntern sie und helfen ihr bei der Zusammenstellung ihrer Bewerbungsunterlagen, die sie an Publicitas Genf schickt. Wenig später kommt ein Telegramm aus Genf, in dem sie gefragt wird, ob sie Auto-

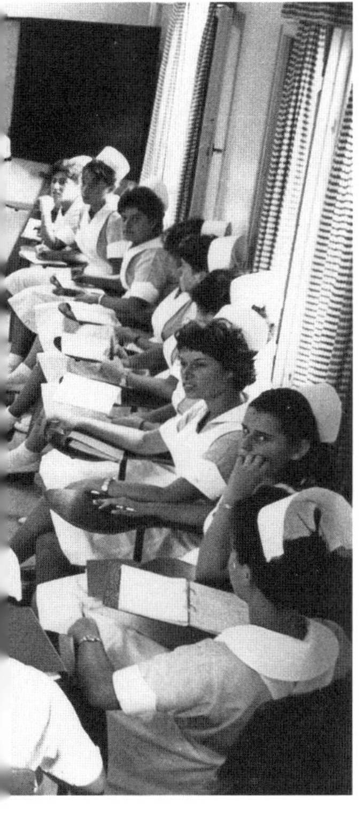

Chaviva unterrichtet angehende Krankenschwestern im Beilinson-Spital.
Mit schützendem Hut in der israelischen Sonne.

fahren, Schreibmaschine schreiben und Stenografie könne. Gewünscht werden auch ein Porträtfoto und ihre Körpermasse. «Letzteres hätte mich stutzig machen sollen. Aber mir kam dazu nichts in den Sinn, ich war ganz naiv, und meine Freundinnen auch.» Also beantwortet sie die Fragen, schickt die gewünschten Angaben und erhält prompt ein Swissair-Flugticket Tel Aviv–Zürich retour.

Chavivas Vorgesetzte, die sie um drei Monate unbezahlten Urlaub bittet, ist entsetzt. «Für sie war das unerhört! Was ich verstand, ich hatte Gewissensbisse, aber es war ein Befreiungsschlag, ohne den ich erstickt wäre.» Auch ihr Arzt, den sie wieder aufsucht, unterstützt den Entscheid.

Am 4. November fliegt sie mit zwei Koffern nach Genf. Am Flughafen nimmt sie ein Taxi und fährt zu der Adresse, die man ihr geschickt hat. Madame W., eine grosse schöne Frau, hält ihr bei der Begrüssung die Hand hin, «als ob ich sie küssen sollte». Sie erklärt, es handle sich bei dem Patienten um einen bekannten Juwelier, der an Depressionen leide, der Arzt käme jeden Tag bei ihm vorbei. Nachdem Chaviva die Nacht in der Wohnung von Madame verbracht hat, fahren die beiden Frauen zu Monsieur P. an die Route de Florissant. Chaviva trägt einen braunen Jupe und einen braunen Pullover. Für die Reise hat sie sich eigens elegante Kleider gekauft und schneidern lassen.

Im siebten Stock liegt Monsieur angezogen und mit geschlossenen Augen auf seinem Bett. «Elle est charmante!», frohlockt Madame, worauf Monsieur blinzelt und langsam die Augen öffnet: ein gutaussehender Mann von sechsundfünfzig Jahren.

Chavivas Zimmer liegt, getrennt durch eine dünne Wand, neben dem von Monsieur. Ausser ihr sind eine spanische Köchin und eine Haushälterin angestellt. Die beiden servieren,

Die letzte Aufnahme von Chaviva vor ihrer Reise in die Schweiz.

wenn Monsieur und Chaviva am langen Tisch speisen. Er an einem Ende, sie am anderen.

Schon in den ersten Tagen wird ihr klar: Nicht als Krankenschwester wird sie hier eingesetzt, sondern als Gesellschafterin. Denn Monsieur holt sich seine Medikamente selber, mit Vorliebe das Schlafmittel Nembutal, das er mit Alkohol mischt. Die Vormittage verbringt er im geschlitzten Nachthemd im Bett. In diesen Stunden erhält Chaviva Privatstunden in Französisch, oder sie geht ins Museum. Mit ein Grund für das Elend von Monsieur ist seine junge Frau, die ihn mit den Kindern verliess. «Sie war die Erste, die zu ihm nein gesagt hat. Das war er sich nicht gewohnt. Er meinte, jeden und alles mit Geld kaufen zu können.» Chaviva ist davon natürlich nicht ausgenommen. Manchmal kommt Monsieur mit einer duftenden Seife oder Kaviar nach Hause, ein kleines Präsent für die neue israelische Frau im Haus. Doch Chaviva registriert auch die beiden im Mantel versteckten Weinflaschen, und eines Tages sagt sie ihm: «Schauen Sie, Monsieur P., so geht das nicht. Wenn Sie sich nicht an die Anweisungen Ihres Arztes halten, kann ich als Krankenschwester nicht helfen, meine Anwesenheit hat so keinen Sinn!» Und wieder folgen leere Versprechungen: «I promise you, Miss Ron, no alcohol anymore …»

Um den Alkoholgeruch zu vertuschen, besprayt Monsieur fortan am Morgen sein Zimmer. Neben seiner Sucht zeigt er auch andere Seiten: Als die Köchin eines Tages eine grosse Paella für ihn und Chaviva kocht, rümpft er die Nase und fährt mit dem Taxi auswärts essen. Ein anderes Mal schlürft er in einem noblen Restaurant die Suppe stehend aus dem Teller. «Ich schämte mich dermassen. Er bestellte noch Austern, und dann schaute ich, dass ich ihn irgendwie ins Taxi und nach Hause bekam.»

Nach drei Monaten fragt Monsieur: «Miss Ron, wie wäre es, wenn Sie mich heiraten würden?» – «Das schlagen Sie sich aus dem Kopf!», sagt Chaviva: «Wenn nicht, geh ich gleich!» Doch so resolut sie ist, so sehr zehrt die Situation an ihren Nerven, zuweilen fühlt sie sich völlig am Ende. Der Arzt von Monsieur regt an, dass sie ein paar Tage wegfährt. Sie verbringt eine Woche bei ihren israelischen Freunden Schulka und David, die in einem Pariser Vorort leben. «Am ersten Abend erzählte ich bis zwei Uhr morgens von Monsieur P., und mein Gastgeber, der Schriftsteller war, meinte: ‹Er ist eine aufgeblasene Null!›»

Zurück in Genf geht der Alltag weiter, die Szenen werden immer verrückter. Um zwei Uhr nachts will Monsieur die Köchin wecken und gekochte Eier essen. Und eines Tages fragt er Chaviva, ob ihr Pariser Freund seine Exfrau mit dem Auto anfahren könnte, «nicht tödlich, aber so, dass sie sich immer daran erinnert». – «So ging das!»

Ein anderes Mal liegt Monsieur im Bett mit einem Blatt Papier, auf das er eine Frau mit Brust- und Taillenumfang zeichnete. Ob Chaviva ihm eine solche Frau unter ihren israelischen Freundinnen vermitteln könne? «Ich ging darauf ein und rief in einem Person-to-Person-Telefonat meine Freundin in Tel Aviv an: ‹Der Verrückte steht neben mir›, sagte ich auf Hebräisch: ‹Er sucht jetzt eine Frau, er wird gut bezahlen.› Sie meinte: ‹Chaviva, du bist bald so verrückt wie er!› Es wurde ein langes Gespräch, bei dem ich mich aussprechen konnte. Telefongespräche ins Ausland waren damals sehr teuer, wir hätten sie uns nie leisten können.»

Als der Anwalt von Monsieur Chaviva eine Heiratsabsichtserklärung unterzeichnen lassen will, lehnt sie ab und teilt den beiden Männern mit, sie möchte ihre Arbeit beenden. P. wird wütend und sagt: «Sie können gar nicht gehen, denn Sie sind hier nicht angemeldet und haben keine Arbeitsbewilligung!» Chaviva fühlt sich in eine Falle gelockt, doch sie spürt, dass alles besser ist, als hierzubleiben. Sie ruft Lola und Eliahu an, israelische Bekannte, die in Genf leben, und beginnt, ihre Sachen zu packen. Monsieur geht mit einem Stuhl auf sie los, die Köchin und die Haushälterin eilen Chaviva zu Hilfe. Doch es gelingt Chaviva, das Haus heil zu verlassen. Eliahu steht mit dem Auto parat. «Ich zitterte und verkroch mich in die Daunendecke, die mir Lola gab.» Eliahu fragt, ob sie ihr Gehalt bekommen habe. Erst da wird Chaviva bewusst, dass sie in den ganzen sechs Monaten abgesehen von Taschengeld nicht bezahlt wurde. Mit Lola geht Chaviva in den nächsten Tagen zu Madame W., die sich die Geschichte anhört und nach Absprache mit dem Anwalt vorschlägt, ihr tausendfünfhundert Franken pro Monat auszuzahlen. «Das war für mich ein Vermögen! Von dem habe ich ein ganzes Jahr lang gelebt, as a Lady of leisure and pleasure! Wobei du festhalten musst: Pleasure meine ich ganz harmlos.»

8

Am 1. Mai 1965 fährt sie nach Zürich. Ihr erster Bekannter heisst Peter: «Ein netter Mann, so ein richtiger Schweizer mit gemütlichem Temperament. Einer, der alleine im Wald spazieren ging, das sprach mich an. Er zeigte mir Zürich und die Umgebung, aber er war kein Mann für mich. Ich glaube, er ist der einzige Mensch, den ich verletzt habe, weil ich dann nein gesagt habe.» In der ersten Woche logiert Chaviva im Hotel Storchen. Die Stadt gefällt ihr. Sie darf und muss erstmals wieder Deutsch sprechen. In Israel hat sie ihre Muttersprache nur in privatem Rahmen mit Eltern von Freunden gesprochen. Nachts kommen ihr plötzlich Wörter in den Sinn. Plakatwände oder gewisse Wörter, die ihr in der Stadt begegnen, wecken Erinnerungen, beispielsweise «Schuhgeschäft Bata». Manchmal meint jemand: «Ah, Sie sind Deutsche!», worauf Chaviva jeweils antwortet: «Nein, im Gegenteil», und sie fügt auf Nachfrage hinzu: «Ich bin Israelin.»

«Das ist bis heute so geblieben, ich fühle mich als Israelin. Ich bin in Israel geprägt worden.»

Chaviva erkundigt sich in einem Vermittlungsbüro nach einem Zimmer. An der Theaterstrasse, wo sie hingeschickt wird, sieht sie «lauter leichte Mädchen». Sie erhält eine weitere Adresse im Enge-Quartier, wo Frau Roth in ihrer Wohnung an der Kurfirstenstrasse ein Zimmer vermietet. Chaviva zieht bei der Witwe ein, die Miete beträgt zweihundert Franken pro Monat. «Sie nannte mich: ‹Fräulein Roooon, Fräulein Rooooon!›» Chaviva geniesst es, wieder alleine ins Theater, ins Kunsthaus und spazieren zu gehen oder im Kaffee Honold zu sitzen, ohne angestarrt zu werden. Nachmittags serviert Frau Roth Kaffee und Kuchen und meint: «Das ist doch viel schöner, als im Sprüngli viel Geld zu bezahlen!» Chavivas Freundin Atida kommt für einen Monat aus Israel zu Besuch.

Nach ihrer Abreise fährt Chaviva an den Wochenenden mit Peter aus. Immer mehr wird ihr klar, dass sie die Distanz zu Israel noch immer braucht, dass sie in Zürich bleiben möchte. Auch fällt es ihr immer leichter, Deutsch zu sprechen. Sie schreibt der Schule des Beilinson-Spitals, dass sie die Vereinbarung, welche ihre Stelle freihält, auflösen und den geschuldeten Betrag für die Ausbildung zurückbezahlen möchte.

Zip, Chavivas Freundin aus Ma'agan Michael, vermittelt Chaviva die Adresse des Zahnarztes Saul Hurwitz, der sie am Freitagabend einlädt, «es war ein entzückendes altes Ehepaar». Als sie sagt, sie würde gerne hier arbeiten, erwähnt Hurwitz die Klinik Bircher-Benner. Naturheilkunde interessiert sie, gerne würde sie etwas Neues lernen. Der Zufall will es zwar, dass sie bei einem Besuch in der Klinik auf eine frühere Schülerin trifft, doch leider sind alle Stellen besetzt, weshalb sich Chaviva auf ein Inserat in der «Neuen Zürcher Zeitung» meldet: Die Klinik Hirslanden sucht eine Oberschwester für die Nacht. Chaviva bringt zum Vorstellungsgespräch alle Zeugnisse mit. Bis sie Bescheid erhalte, meint Oberschwester Ella, solle Chaviva aus fremdenpolizeilichen Gründen die Schweiz verlassen. Und: «Chaviva ist ein so komplizierter Name. Könnte es nicht auch Heidi sein?»

Mim, zu der sie nach London fährt, versucht sie für die Arbeit in einem jüdischen Altersheim zu gewinnen, doch Chaviva möchte später lieber nach Zürich zurück. Als die Klinik Hirslanden grünes Licht gibt, tritt sie ihre erste Stelle an. Auf eigene Rechnung lässt sie sich zwei Wochen einarbeiten, mit den neunhundert Franken Lohn, die ihr vorgeschlagen werden, ist sie einverstanden. «Dass der Lohn verhandelbar ist, wusste ich damals nicht.» Die Arbeit im Privatspital ist neu: Wenn sie einen Arzt extern anrufen muss, wird dem Patienten eine Telefongebühr von zwanzig Rappen verrechnet, eine Flasche Mineralwasser kostet zwei Franken. Und als Chaviva für einen stark blutenden Patienten den Arzt verlangt, heisst es, er sei in einer Sitzung mit Vertretern der Schweizerischen Bankgesellschaft, der das Haus gehört. Sie nimmt die Antwort nicht hin, sondern klopft an die Türe und bittet den Arzt zu kommen. «Er kam sofort. Das war ein grosses Staunen!» Die Nachtarbeit ist aber auch sehr anstrengend, so dass sie nochmals in der Klinik Bircher Benner vorspricht. Dieses Mal hat sie Glück.

Du erzählst so schnell!

Soll ich langsamer sprechen?

Nein, ich habe ja mein Aufnahmegerät, kein Problem.

Da kommt mir Werner Fink in den Sinn, ein Kabarettist, der während der Nazizeit in Berlin in den Katakomben aufgetreten ist. Weil im Publikum auch die Gestapo sass, musste er sich immer verklausuliert ausdrücken. Einmal sagte er: «Meine Herren, bin ich zu schnell für Sie, kommen Sie mit, oder muss ich mitkommen?»

Im August 1965 beginnt sie am Zürichberg in der Klinik Bircher-Benner als Krankenschwester zu arbeiten, ein Einsatz, der sie voll und ganz fordert. Im selben Jahr wird sie vierzig. «Ich wusste: Wenn ein Kind, dann jetzt! Alleinerziehende Mütter gab es kaum. Früher hatte ich mir das mal überlegt, und eine Freundin in Israel, die selber alleinerziehend war, riet mir dazu, aber ich wusste, dass ich die Kraft dafür nicht habe, psychisch zu wenig stabil bin. Dann nicht!»

Chaviva erhält zwar nur ein kleines Zimmer, doch die ganzheitliche Medizin, die Schulmedizin und Naturheilkunde verbindet, gefällt ihr. Die Patienten machen täglich Gymnastik und unternehmen Spaziergänge im nahen Wald, dazu erhalten sie Umschläge, Psychotherapie, Wasser- und Sonnentherapie. Die Kost ist selbstverständlich vegetarisch, nur die Schwestern dürfen einmal in der Woche im Versteckten Fleisch essen. In der Freizeit lernt Chaviva auf Wunsch der Klinikleitung Fran-

Als Krankenschwester in der Zürcher Klinik Bircher-Benner.

zösisch. Nach Jahren liest Chaviva in dieser ersten Zeit am Zürichberg auch die Briefe wieder, die ihr von ihren Eltern geblieben sind. Die Lektüre bedrückt sie sehr, doch sie sieht sie als «eine Pflicht an, die Eltern auf diese Weise zu begleiten». Eine Pflicht, die sie depressiv werden lässt. «Innerlich brach ich zusammen, aber gegen aussen funktionierte ich. Meine Freundinnen in Israel sagten: ‹Man sieht dir nichts an.›» Zweimal im Jahr, das hat sie ausgehandelt, darf Chaviva für einen Monat nach Israel fahren. Ihre Freunde beherbergen sie jeweils für zehn Tage: in Tel Aviv, in Jerusalem und in Ma'agan Michael.

In Israel hatte sie es als Krankenschwester immer mit jungen Menschen zu tun, jetzt pflegt sie erstmals auch alte. «Es kamen interessante Leute zu Bircher, auch Künstler. Mit deutschen Patienten hatte ich grosse Schwierigkeiten. Nicht mit jungen, aber mit jedem, der in der Kriegszeit schon erwachsen war. Ich konnte nie richtig die Hand geben, denn ich dachte: Was hat der im Krieg gemacht? Mit der Zeit lernte ich die Patienten dann besser kennen. Ich sah auch, wer mit mir Mühe hatte und sich zurückhielt. Mit wenigen freundete ich mich an. Zum Beispiel mit Gräfin Metternich. Noch vor dem Prager Frühling nahmen sie und ihr Mann in ihrem Schloss tschechische Intellektuelle auf, das waren kämpferische, gute Leute. Als echte Adelige hatten sie im Gegensatz zu den Neureichen Kultur und Würde. Sie kamen jedes Jahr, und als ich später heiratete, besuchten sie mich, und ich nahm sie mit nach Israel. Sie luden mich auch nach Göttingen auf ihr Schloss ein, aber ich konnte damals nicht nach Deutschland fahren.» Eindruck gemacht hat Chaviva auch die österreichische Fürstin Windisch-Graetz, die im Warteraum der Physiotherapie im Wintermantel neben den anderen Patienten sass und sagte: «Schwester, ich kann doch nicht im goldenen Morgenmantel dasitzen!» Etliche Patienten kommen jedes Jahr für eine mehrwöchige Kur, ins selbe Zimmer: «Mit ihnen verband mich eine nahe Beziehung, das war sehr bereichernd. Zum Beispiel die Kabarettisten Lore und Kai Lorenz aus Düsseldorf, die lud ich in mein Zimmer ein.»

Nach mehreren Provokationen von Seiten Ägyptens bricht im Juni 1967 der Sechstagekrieg aus, den Israel überraschenderweise gegen Ägypten, Jordanien und Syrien gewinnt. Statt von den Patienten das übliche Abschiedsgeschenk anzunehmen, sammelt Chavia Geld für den Jüdischen Nationalfonds. «Es gab eine Riesenbegeisterung der Schweizer Bevölkerung für Israel, der ganzen Welt, das kannst du dir gar nicht vorstellen!»

«Gab es auch jüdische Patienten?» – «Viele! Israelis noch und noch! Bircher-Benner war bei den Jekkes ein Begriff. Es kamen auch viele deutsche und amerikanische Juden. Wenn jemand ‹Zimmer mit Bad› verlangte, wusste ich: Entweder sind es Israelis oder Amerikaner!» 1968 stellt sich Chaviva der Patientin Golda Meir als Israelin vor, worauf die ehemalige Aussenministerin und künftige Ministerpräsidentin Israels wissen will: «Warum arbeitest du hier und nicht in Israel?» Jedes Jahr kommt auch Aharon Kazir, ein Chemiker und Professor am Weizmann-Institut in Rechovot. «Er war ein richtiger Freund. Mit ihm sass ich am Mittagstisch, er war ein sehr netter und geistreicher Mann. Wenig Jahre später fiel er auf dem Flughafen Tel Aviv einem Terroranschlag der PLO zum Opfer.»

Als Oberschwester zieht Chaviva in eine grössere Wohnung der Klinik, ins sogenannte Privathaus Bircher, wo sie mit Mary, einer amerikanischen Krankenschwester, zusammenwohnt. «Im Vorstellungsgespräch hatte sie mir gesagt, sie gedenke ein, zwei Monate zu bleiben. Ich sagte: ‹Ich glaube, Sie profitieren mehr, wenn Sie für ein Jahr kommen.› – Sie blieb zwanzig Jahre!»

Bis anhin hatte Chaviva es mit Sterbenden und Toten kaum im selben Zimmer ausgehalten. Der Grund für dieses Problem war die jüdische Bestattungsweise: «Sofort läuft man mit dem Toten in den Keller. Niemand kann sich von ihm verabschieden, weil alles ganz schnell gehen muss. Und der Tote gilt als ‹tame›, als unrein. Ich hatte dazu ein prägendes Erlebnis: Im Kibbuz in Rechovot war ein junger Mann bei einem Arbeitsunfall gestorben. Sie wuschen ihn, und ich sah dann bei der Beerdigung diese Chevra Kadischa, entschuldige: diese ungepflegten, mir fremden Juden mit Bärten und Kaftan, die den Toten für unrein hielten! Ich nahm mir vor, nie im Leben so begraben zu werden!» In den Kliniken Hirslanden und Bircher-Benner lernte sie einen anderen Umgang mit Toten, den sie als würdevoll empfindet: Die Toten bleiben im Zimmer, wo sie auch gereinigt und schön hergerichtet werden, worauf sich die Verwandten in Ruhe verabschieden können. «In der Schweiz habe ich gelernt, meine grosse Hemmung mit Toten und Sterbenden zu überwinden, das ist für mich etwas ganz Wichtiges! Alles war eine Bereicherung für mich, obwohl die Arbeit auch sehr streng war. Wir arbeiteten sechsundfünfzig Stunden in der Woche.»

Und privat? 1965 hatte Saul Hurwitz Chaviva geraten, sich bei der Jüdischen Gemeinde zu melden. Mary Goldschmidt, die das Sozialressort leitet, lädt sie zu schwarzem Kaffee ein und wird mit der Zeit eine gute Freundin. «Eine Israelin war damals etwas Rares!» Über sie und ihren Mann, Herrmann Levin Goldschmidt, lernt Chaviva auch andere Leute kennen, unter anderem die Familie Braun, die wie sie von Berlin nach Palästina geflüchtet waren. Jahrelang besucht sie Hermann Levin Goldschmidts Kurse an der Volkshochschule, Kurse zu aktuellen philosophischen Fragen, und natürlich bleiben Konzerte und das Theater wichtig. «Eins bringt dich ja zum anderen.» So vergehen am Zürichberg zwölf Jahre.

Und in der Liebe?

Ich hatte Beziehungen, aber sie waren nie tiefgreifend oder erschütternd. Die Männer haben nicht zu mir gepasst oder ich nicht zu ihnen. Eine seelisch und körperlich enge Beziehung konnte ich nicht eingehen. Heute weiss ich: Dieses vaterlose Leben hat meine Männerbekanntschaften geprägt: Ich brauchte jemanden, an den ich mich anlehnen konnte, bei dem ich mich geborgen fühlte.

Du hattest diese Sehnsucht.

Absolut! Ich habe ganz bewusst auch danach gesucht! Aber ich fand den passenden Mann nicht. Und irgendwann, nach all den Jahren, dachte ich: Dann kannst du auch nach Hause gehen, nach Israel zurück, so wie ich bin. Denn eine Vernunftehe konnte ich nicht eingehen.

Du wolltest endlich Wurzeln schlagen?

Absolut, wobei überhaupt nicht wichtig war, wo. Aber in der Mitte meines Lebens musste ich mich entscheiden, ob ich hier alleine weiterleben wollte, wo ich mich noch immer als Gast fühlte. Bircher-Benner war nicht mein Heim, verstehst du? In Israel hatte ich immerhin meine engen Freunde und meine Wurzeln. Jüdische Patienten fragten, weshalb ich nicht zurückgehe.

Du bist ja jedes Jahr nach Hause gefahren, wohntest du immer bei Freunden?

Ja, ich fuhr mit Geschenken für zweiundvierzig Leute! Ich hab die Listen noch: Alle Kinder erhielten jedes Jahr etwas anderes. Guck mal, ich fuhr als die Reiche und fühlte mich auch so. Meinen besten Freundinnen brachte ich Kleider. Ich war ziemlich eitel und gut gekleidet, ich kaufte bei Ferragamo und

Weinberg, aber immer im Ausverkauf: Dafür nahm ich mir frei und stand am ersten Tag schon um neun Uhr vor der Türe. Das ist prima, die schicken mir heute noch Einladungen zum Apéro. Die Schuhe habe ich noch!

Im November 1975 wird Chaviva fünfzig. Sie trägt sich in diesem Jahr mit dem Gedanken, in Jerusalem ein Sterbehospiz zu eröffnen. Finanziert von amerikanischen Juden, die sie aus der Klinik Bircher-Benner kennt. In Israel wohnt kaum jemand in einer Mietwohnung. Um eine Wohnung zu kaufen, benötigt Chaviva einen Kredit. Sie wendet sich an Schlomo Hillel, einen guten Freund, der Diplomat und später Minister ist. Er hilft ihr, bei Tfachot, der Institution, die Wohnungen verkauft, auf die Liste zu gelangen. Schon bald hat sie eine Wohnung in Aussicht. Doch da nimmt das Leben eine andere Wendung.

Am 31. Dezember ist Chaviva bei Goldschmidts zum Silvester eingeladen. Unter den Gästen ist auch Otto Friedmann. Otto wurde 1917 in der Nähe von Linz als Sohn einer jüdischen Familie geboren. Sein Vater, der bei der k.u.k. Eisenbahn arbeitete, wurde kurz vor Kriegsende dienstlich nach Czernowitz versetzt, ins Kronland Bukowina, das nach dem Krieg zu Rumänien gehörte und heute zur Ukraine. «Unser erstes Gespräch war sehr offen, aber je länger wir uns kannten, desto weniger offen wurde unser Austausch. Ich hab gemerkt: Hier liegt etwas tief verborgen, daran rühre ich nicht. Ich spürte, dass er sehr verschlossen ist, im Gegensatz zu mir, dich ich ja spontan bin. Aber auch ich wollte nicht, dass man an meine Vergangenheit zu sehr rührt. Mir war es einfach angenehm mit ihm. Unser Kennenlernen war würdig und gegenseitig, mit Gefühl. Nicht so israelisch direkt, dass man sich gleich in die Seele springt und alles wissen will.»

Chaviva wohnt noch immer im Privathaus Bircher, zusammen mit ihrer Kollegin Mary. Otto wohnt in Zürich-Wiedikon in einer Zweizimmerwohnung. An der Schaufelbergerstrasse lebt er seit 1965, seit er als politischer Flüchtling nach Zürich kam – im selben Jahr wie Chaviva. Otto und seine Mutter konnten aus Rumänien ausreisen, weil die Mutter in der Schweiz einen Bruder hatte. Die Mutter ist vor eineinhalb Jahren gestorben. Otto hat sie bis zum letzten Tag gepflegt. Ihr Zimmer darf Chaviva in der Wohnung des Junggesellen nicht betreten.

«Er war noch immer in tiefer Trauer. Und stark traumatisiert nach Krieg, Securitate und Ceausescu, das war ein Tabuthema. Es gibt einen Teil in Ottos Geschichte, eine sehr schmerzhafte Vergangenheit, an die er niemanden heranlässt, an die er nicht herankann. Das gilt es zu respektieren. Auch ich habe ihm meine Geschichte erst sehr viel später offen erzählt.»

Otto hat seine festen Begriffe von Ehe und Treue. Am Anfang ihrer Freundschaft lädt er Chaviva zu sich ein und fragt sie: «Was sind eigentlich deine Zielvorstellungen?» – «Ich hab kein Ziel», antwortet sie: «Mir ist es wohl, wie es ist.» Otto geht auf die sechzig zu, er arbeitet sehr hart, denn er möchte bald schon eine eigene Firma aufbauen. «Das ist Otto! Er kann heute noch etwas Neues beginnen!»

Als Chaviva ihm dafür einundzwanzigtausend Franken gibt, stellt er ihr nach zwei Wochen ungefragt eine Quittung aus. «Er sagte, so sei das korrekt. Er kam aus einem Regime, in dem alle einander ausspionierten. Spontane Hilfe gab es in seiner Welt nicht.»

Es vergehen eineinhalb Jahre, in denen sie sich meistens in Chavivas Wohnung treffen. Wenn Musik erklingt, seien es Platten oder das Radio, stellt Otto sie kommentarlos ab. Chaviva wundert sich, nimmt diese Angewohnheit aber hin. Und nach Monaten verändert sie sich: Otto lässt zu, dass sie im Auto gemeinsam Musik hören. «Eines Tages hörten wir die ‹Frühlingssonate›. Als Otto vor der Klinik hielt und ich aussteigen wollte, sagte er: ‹Lass uns das noch zu Ende hören.› Das war wie eine Erlösung!» Viel später wird Chaviva Ottos Reaktion verstehen. «Er wurde erzogen als Solist, das heisst, er gab im Alter von sechs Jahren sein erstes Konzert. Später war er in Czernowitz im selben Kreis von Künstlern wie Celan. Kurz vor Abschluss des Konservatoriums brach der Krieg aus, und Czernowitz kam während eines Jahres unter russische Besatzung. Otto wurde ins rumänische Militär geschickt. Nach einem Jahr kamen die Deutschen, worauf Otto mit seiner Mutter ins Ghetto kam. Weil er noch jung war, wurde er in ein Arbeitslager gesteckt, das von Rumänen organisiert wurde. Antisemiten gibt es ja nicht wenige. Sie brachen ihm unter anderem die rechte Hand, als Folter oder was immer. Die Hand wurde nicht nur gebrochen, sondern auch nicht behandelt. Damit war Ottos Ziel, Geiger zu werden, aus. Darüber ist er eigentlich nie hinweggekommen. Es gibt ein Gruppenfoto mit ihm: Er ist der einzige Überlebende. Auf alle Fälle ist er aus dem Lager geflüchtet, dank einer goldenen Uhr, die er noch hatte. Tage und Nächte lief er zu Fuss bis Bukarest. Er wusste, seine Mutter lebte dort versteckt, unter der deutschen Okkupation.

Er war ein ganz verwöhntes Kind, sie sah sozusagen das Genie in ihm. Aber sie kümmerte sich auch sehr um ihn, sie lebte ganz für ihn. Er hat ihr viel zu verdanken, das ist klar. Er lebte mit ihr versteckt bis zum Kriegsende. Danach begann die kommunistische Zeit. Otto stand vor der Frage: was nun? Sein Vater war bei einem Unfall gestorben, als er dreizehn Jahre alt war. Er fühlte sich für seine Mutter verantwortlich. Zum Glück ist er Linkshändler, er kann sogar Geige spielen, aber nicht seinen Ansprüchen entsprechend. Jahrelang sprach er nicht darüber und rührte keine Geige mehr an. Er holte das Abitur nach

Otto Friedmann.

und studierte Jura und Elektrotechnik. Er wollte sein eigenes Werk aufbauen, aber sein Jurastudium galt nichts mehr, denn an der Universität war sein Jahrgang der letzte unter bürgerlichem Recht. Also arbeitete er in einem Planungsinstitut. Otto ist sehr exakt und gut in den Dingen, die er macht. Er war verantwortlich für den Bau von unterirdischen Anlagen. Als er einen Ausreiseantrag einreichte, wurde er in seiner Funktion sofort herabgestuft, auf einen Viertel seines Gehalts, und er musste mit der Mutter in eine Einzimmerwohnung ziehen. Man nahm ihn mit zu Verhören und Folterungen, und die Mutter wusste nicht, wo er war. So machte man das dort.

Von Beginn des Krieges bis er herkam ist alles ein Trauma. Du hast seine Reaktion gesehen: Er kann nicht darüber sprechen, er wird blass, und sein Blutdruck verändert sich. Er ist darüber nie hinweggekommen. Er war ganz alleine! Ich war gestützt durch eine Gemeinschaft! Als ich Otto kennenlernte, fragte ich ihn: ‹Hast du Freunde?› Da sagte er: ‹Man kann sich auf keinen verlassen ausser auf die Familie.› Und er hat auch erlebt, dass innerhalb von Familien verraten wurde. Das weiss man auch aus Russland, und ich weiss das aus Nazideutschland. Echte Freunde kannte er also gar nicht, bevor er mich kennenlernte. Als ich nach Israel zu Freunden fuhr, sagte er: ‹Du kannst dich doch nicht einfach einen Monat lang zu denen hinsetzen!› Ich sagte: ‹Das ist wie meine Familie! Die können das genauso bei mir!› Das hat er nie geglaubt, bis wir heirateten und er sah, wie sie zu mir kamen und wie sie uns beide empfangen haben. Dann hat er langsam begriffen, was Freundschaft heisst. Meine Freunde haben ihn sofort als Schwager angenommen, sofort! Die waren so froh, dass ich jemanden gefunden habe! Die haben mich doch immer probiert zu verkuppeln, die haben ihn sozusagen als den Meschiach empfangen! Wenn die heute kommen, tut Otto alles für sie. Jetzt hat er das verstanden, im hohen Alter!»

Gleich hinter Chaviva hängt ein Ölbild an der Wand, das Otto gemalt hat. Ein Stillleben mit Früchten in leuchtenden Farben, das ich während unserer Gespräche oft anschaue. Aufgefallen ist mir auch das an Chagall erinnernde Bild beim Eingang, eine phantastische Unterwelt in Blautönen. Als Chaviva hörte, dass Otto früher sehr gut gemalt hat, kaufte sie eines Tages, ohne ihn zu fragen, Malmaterial. «Wir fuhren mit seinem Auto übers Wochenende nach Flims, und da nahm ich das einfach mit.» Ihr Plan funktionierte: Am Crestasee war Otto offen dafür, wieder einen Stift in die Hand zu nehmen.

Nach eineinhalb Jahren ihrer Freundschaft ruft Otto Chaviva in der Klinik auf ihre private Telefonnummer an. «‹Was machst du morgen in der Mittagspause?› – ‹Nichts Besonderes, warum?› – ‹Können wir uns beim Standesamt treffen?› Zuerst stockte mir der Atem, dann sagte ich: ‹Ja!›»

Was im Leben an Veränderungen möglich ist, auch in fortgeschrittenem Alter. Ich finde es so ermutigend, was du erzählst!

Ich will dir sagen, ich geniesse in den letzten Jahren jeden Tag, ich bin dankbar und glücklich. Das war nicht immer so, es gab eine Zeit, in der ich sterben wollte, aber darüber möchte ich hier nicht sprechen. Am schwierigsten war die Zeit bevor ich in die Schweiz kam. Dass ich dieses Inserat gesehen habe, war ja auch Zufall. Er fällt dir zu, und du musst ihn aufnehmen, sonst gehen die Dinge an dir vorbei. – Mein Gutes, es ist *halbi!* In diesem Sinne!

9

Chaviva empfängt mich mit musterndem Blick und sagt: «Lass dich anschauen.» Unser letztes Treffen hatten wir eine Stunde vorverlegt, weil ich anschliessend einen Termin beim Coiffeur hatte. Bevor ich ging, riet mir Chaviva, Mèches machen zu lassen, sie meinte: «Du bist noch zu jung für graues Haar.» Auf dem Weg überlegte ich mir, ob ich ihren Rat beherzigen sollte, entschied mich aber doch anders. Mein Haar ist somit nur ein wenig kürzer. Ich habe den Eindruck, Chaviva sei ein wenig enttäuscht. Sie selber trägt heute erstmals kein kurzärmliges Kleid, sondern eine festliche weisse Bluse. Wir tauschen uns aus, wie wir den vorgestrigen Pessachabend verlebt haben, dann nimmt Chaviva den Faden wieder auf.

Chaviva und Otto heiraten im März 1977. Sie ist einundfünfzig, er sechzig. Ein vergilbtes Foto, das eingerahmt auf dem Büchergestell steht, zeigt die beiden am Hochzeitstag. Ins Zunfthaus zur Saffran laden sie gute Freunde zum Essen ein. Auf ein Fest verzichten sie, denn sie haben nicht viel Geld. Otto ist sogar «finanziell am Boden». Nichtsdestotrotz beschliesst er, die eigene Firma aufzubauen: «Das tönt verrückt, aber er hat's geschafft. Wir waren ein Büro für Mess- und Regeltechnik.» Otto erfindet und konstruiert Messgeräte, etwa um die Windgeschwindigkeit oder die Luftfeuchtigkeit zu messen. Die allererste Bestellung für siebzig Franken feiern die beiden bei einem Nachtessen im Restaurant. «Dabei gaben wir mehr aus, als wir verdient hatten!» Chaviva lacht. Otto freut sich sehr über die ersten Erfolge, und nachdem Chaviva als Übersetzerin für englische Vertreter zum Einsatz kommt, beginnt das Geschäft richtig gut zu laufen. «The Master and his Secretary!» Chaviva hilft tüchtig mit: Einmal schaffen es die beiden gerade noch rechtzeitig, ein versprochenes Paket vor elf Uhr nachts auf die Sihlpost zu bringen.

Während der ersten neun Monate nach ihrer Hochzeit führen Chaviva und Otto eine «Telefonehe», das heisst, sie besuchen sich gegenseitig und telefonieren miteinander. Doch das soll sich ändern, und Chaviva sucht in der Nähe der Bircher-Benner-Klinik eine grössere Wohnung. Die Mieten am Zürichberg sind für die beiden allerdings zu hoch, und eines Tages ruft Otto an und sagt: «Kannst du vorbeikommen? Unter mir wird eine Wohnung frei.» Chaviva ist einverstanden, und die beiden übernehmen die Dreizimmerwohnung, die nun auch Platz bietet für ein kleines Büro. Der Umzug nach Wiedikon hat auch andere Konsequenzen: Da Chaviva in der Bircher-Benner-Klinik schon um sechs Uhr morgens antreten muss, kündigt sie ihre Stelle. Sie darf einen Bauhaus-Sessel als Erinnerung mitnehmen. Er steht bis heute in Chavivas Wohnung.

Sie meldet sich auf ein Inserat des im Quartier gelegenen Städtischen Altersheims Mathysweg und wird als Oberschwester engagiert. «Ich musste um fünf Uhr morgens aufstehen, wir betreuten sechsundachtzig Leute. Das war eine sehr strenge Arbeit! Nach fast drei Jahren sagte Otto: ‹Du arbeitest so schwer – jetzt komm zu mir ins Büro!› Ich sagte: ‹Aber davon habe ich keine Ahnung.› Otto antwortete: ‹Ich bring es dir bei!›»

Also kündigt sie, und die beiden gründen 1980 zusammen mit einer Freundin, die pro forma mitmacht, die Multidata Engineering AG. Chaviva wird, wie Otto zu sagen pflegt, seine «einzige und beste Sekretärin». «‹Multidata, grüezi!›, so nahm ich den Hörer ab. Je nachdem sagte ich: ‹Ich verbinde Sie mit der technischen Abteilung.› Oder wenn Otto auf der Toilette war, sagte ich: ‹Der Herr Friedmann ist leider gerade in einer Sitzung, kann er Sie zurückrufen?› – Es war ein Theater!»

Chaviva lernt von Otto, die Geräte zusammenzuschrauben. Als sie sich in der Wohnung zu stapeln beginnen und schon welche unter dem Bett platziert werden müssen, mieten die beiden an der Seebahnstrasse in Zürich-Wiedikon ein Büro. Im ersten der drei Räume, zu denen auch ein grosses Magazin gehört, sitzt Chaviva am Empfang. Die Kunden sollen nicht wissen, dass sie die Ehefrau des Chefs ist und die beiden den Laden ohne Angestellte schmeissen. Über Mittag ruhen die beiden ein wenig aus und legen sich für eine Stunde aufs Klappbett. Nachmittags bringt Chaviva die Pakete mit einem Handwagen zur Post.

Auf einer Geschäftsreise nach Schweden wird Otto am Zoll zur Seite genommen, denn er kann sich nur mit seinem rumänischen Pass und einer Aufenthaltsbewilligung für die Schweiz als politischer Flüchtling ausweisen. «Das war immer so. Otto

Chaviva am Messestand der Multidata Enineering AG.

wurde jeweils ganz bleich. Man behandelte ihn am Zoll wie den letzten Dreck.»

Kurz nach der Hochzeit beantragte Otto die Schweizer Staatsbürgerschaft – für sich und seine Ehefrau. Doch die war zuerst nicht einverstanden, zumal sie bei einer Einbürgerung auf ihren israelischen Pass verzichten musste. Als sie aber realisierte, wie wichtig ihm das Anliegen ist, willigt sie ein.

Das Projekt Schweizerpass kostet die beiden rund zwölftausend Franken. Als Erstes nimmt Chaviva an der Migros-Klubschule an einem Kurs für Schweizerdeutsch teil. Als sie im Altersheim Mathysweg arbeitete, hatte sie schon einmal einen Kurs besucht, aber sie fühlt sich mit dem Dialekt noch nicht sicher genug. An der Einbürgerungsprüfung sollen Otto und Chaviva einen Vortrag auf Schweizerdeutsch halten. Daneben absolvieren beide den Kurs «Schweizerkunde», bei dem der politische Aufbau des Landes erklärt wird. Die Materie ist anspruchsvoll, zur Sicherheit wiederholen beide den Kurs. Kursleiter Z. sagt: «Die Petition können alle einreichen, Ausländer und Kriminelle auch.» Otto fällt das Schweizerdeutsch leicht, denn er ist sprachbegabt und probiert den neuen Dialekt ohne Hemmungen aus, während Chaviva perfekt sein möchte und sonst lieber schweigt. Als Thema für seinen Vortrag wählt Otto die «Schweizerkunde», Chaviva entscheidet sich für «Kunscht und Kultur in Züri».

Das Prozedere dauert über ein Jahr. Ein Beamter unterstellt Chaviva und Otto, das Steuerformular nicht richtig ausgefüllt zu haben. Chaviva kommt weinend aus dem Stadthaus und wacht die ganze Nacht neben Otto, aus Angst, er erleide einen Herzinfarkt.

Eines Tages meldet sich ein Kantonspolizist an. Um sieben Uhr abends klingelt er an der Türe. «Wie sich zeigte, war er vorher schon bei den Nachbarn. Er sprach mit uns über unser

Leben, und während er am Büchergestell vorbeiging, streckte er den Finger aus, um zu schauen, ob da Staub lag. Aber bei mir war alles sauber. Als er erfuhr, dass ich Krankenschwester bin, begann er von seiner kranken Frau zu erzählen. Von zehn bis zwölf Uhr nachts sprachen wir dann nur über ihn und seine Probleme. Der hat sich sehr wohl gefühlt bei uns!»

Danach kommt der «Götti», der für Fragen zur Verfügung steht. «Ihn habe ich als zuvorkommend in Erinnerung.» Am Tag der Einbürgerung müssen Otto und Chaviva im Stadthaus erscheinen. Die Gemeinderäte sitzen in U-Formation vor dem Paar und hören sich den vorbereiteten Vortrag an. «Wie aufgezogene Uhren» rattern sie ihre Vorträge herunter. Als Otto einen Fehler macht, korrigiert ihn Chaviva, was die Herren «sehr impressioniert», danach ergreift sie das Wort. Kaum sind die beiden draussen, wird ihnen mitgeteilt: «Bestanden!»

«Was soll ich dir sagen, was das für ein Moment war! Für den Otto speziell.» Am selben Abend gehen die beiden ins Kino, wo sie sich «Die Schweizermacher» anschauen.

Wir haben der Schweiz viel zu verdanken. Das Land ist heute eine Insel der Glückseligen. Wenn sie könnten, kämen heute alle in die Schweiz. Ich überlege mir das oft: Mit welchem Recht bin ich hier und nicht andere? Nur die UNO kann diese grossen Probleme lösen. Sag mal, bist du für die 1:12-Initiative?

Klar.

Dachte ich anfangs auch. Aber ich fürchte, die ganz grossen Firmen gehen dann ins Ausland. Wer gewinnt dann? Auch mit diesem Stadtrat Wolff: Ich würde den wählen, aber ich frage mich, ob so viele SP-Leute und Grüne dem Finanzplatz Zürich guttun.

Ich werde Richard Wolff wählen. Wir hätten dann übrigens erstmals einen Stadtrat, dessen Grossvater jüdisch war.

Der ist jüdisch? Das wusste ich gar nicht. Das ist prima, fand ich auch mit der Ruth Dreifuss. Es gibt ja Dinge, in denen ist die Schweiz wirklich fortschrittlich.

Was bedeutet dir selber dein Judentum?

Ich bin da einfach hineingeboren. Im Kibbuz wiesen wir alle Traditionen von uns. Wir empfanden alles aus der Diaspora als überkommen. Es gab Zeiten, da feierten wir nicht mal Jom Kippur. Wir hatten sozialistische Ideale, und wir wollten ein Land sein wie jedes andere. Bis heute bin ich in erster Linie Mensch. Menschenrechte sind mir am wichtigsten. Aber das Judentum ist meine Identität, ob religiös oder nicht. Es ist für mich eine Schicksalsgemeinschaft. Ich hab die Zivilisation dieser zwei Jahrtausende in mir. Und ich bin Israelin, denn mein Wesen wurde dort geprägt. Wenn ich das Unrecht sehe, das dort geschieht, trifft mich das sehr. Dass wir das alles einem anderen Volk zumuten. Ich denke immer: Wer Leid erlebt hat, sollte mehr Mitgefühl haben, aber das stimmt offenbar nicht.

Hat sich deine jüdische Identität in der Schweiz verändert?

Als ich hierherkam, befand ich mich in einem fremden Feld. Ich wollte mehr über das Judentum und das Christentum wissen. Bis heute habe ich diesen Wissensdrang. Ich las also den Tanach von vorne bis hinten, auf Althebräisch. Zum Teil ist er ja auf Aramäisch geschrieben, da bin ich nicht weitergekommen. Anschliessend habe ich die Zwingli-Bibel gelesen. Da habe ich gesehen, wie jüdisch Jesus war. «Du sollst deinen Nächsten lieben wie dich selbst …» Das kann man im ersten Buch Mose schon finden! Danach habe ich den Tanach nochmals gelesen. Einmal habe ich in der Klinik Bircher-Benner die ganze Chanukka-Geschichte erzählt. Steh mal auf!

(Wir gehen hinüber zum Büchergestell, wo mir Chaviva zwölf Bände Weltgeschichte zeigt, die sie im Selbststudium gelesen hat, und ein dickes Lexikon des Judentums auf Hebräisch.)

Bist du damals auch in die jüdische Gemeinde eingetreten?

Nein. Das war auch eine Frage des Geldes. Ich dachte auch, ich würde vielleicht wieder nach Israel zurück. Später, als ich mit Otto zusammen war, war Israel kein Thema mehr. Otto und ich hätten der Gemeinde etwa so viel Geld bezahlen müssen, wie wir versteuerten. Das wäre nicht möglich gewesen. Erst jetzt, vor zwei Jahren, sind wir der Jüdischen Liberalen Gemeinde Or Chadasch beitreten. Otto meinte: Wenn wir in ein jüdisches Altersheim ziehen, sollten wir in eine jüdische Gemeinde eintreten.

Und wie ist es im jüdischen Altersheim?

Anfangs befürchtete ich, es käme ein religiöser Zwang auf uns zu. Otto und eine Kippa, da sah ich schwarz! Aber Otto, der aus einem ganz assimilierten Haus kommt, hat sich vom ersten Augenblick wohl gefühlt und die Kippa aufgesetzt. Ich denke in Ivrit, glaube ich. Beides. Und ich lese ganz bewusst viel Ivrit, damit ich es nicht verliere. Ich bin in beiden Sprachen zu Hause. Das war es, nicht? Judentum – Punkt!

10

1981 erhält Chaviva ein Schreiben der Stadt Berlin, die ihre ehemaligen Bürger mit deren Partnern für eine Woche einlädt. «Ich wollte nicht fahren, wozu auch? Der Otto kannte bis dahin noch gar nicht meine ganze Geschichte. In den ersten Jahren sprachen wir nicht darüber.» Doch Otto ermuntert sie, er meint, die Reise könne eine Chance sein. Schliesslich willigt Chaviva ein. «Kurz bevor wir gefahren sind, wachte ich in der Nacht mit einem Weinkrampf und Geschrei auf. Ich hab geschrien wie eine Wilde und geweint. Otto umarmte mich und sagte: ‹Komm, ich mach die Fenster zu, sonst kommen alle Nachbarn.› Ich nehme an, das war etwas in diesem Zusammenhang, ich hatte das vorher nie.»

Gemeinsame Ferien in Südfrankreich, 1982.

In Berlin werden Chaviva und Otto ehrenvoll empfangen. Überall sind sie eingeladen. Doch Chaviva hat keine Lust, die Stadt zu besichtigen. Einen Ort aber möchte sie aufsuchen: das Haus, in dem sie aufgewachsen ist, an der Neuen Königstrasse 20. Es liegt im Osten der Stadt. Für Otto ist ein Gang in die DDR nicht ratsam, und ganz abgesehen von der Angst, dass er nicht mehr in den Westen zurückdarf, möchte Chaviva diesen Gang alleine unternehmen. Otto begleitet sie zum Checkpoint Charlie. «Ich erinnere mich, wie der Otto mir winkte und ich mit meinem israelischen Pass in der Reihe stand. Der Ton der Uniformierten erinnerte mich an die Nazis. Wir wurden in eine U-Bahn geführt, und als ich ausstieg, war ich in Ostberlin, auf einem grossen Feld, ich glaube, in der Nähe des Alexanderplatzes. Man sah mir an, dass ich aus dem Westen komme.

Also fragte ich im Touristenbüro nach der Neuen Königstrasse, an der ich zur Schule gegangen war. ‹Das haben wir nicht›, hiess es. ‹Aber ich hab da gewohnt.› – ‹Ja, aber das gibt es jetzt nicht mehr.› Schliesslich sagte man mir, ich solle an der grossen Synagoge vorbei zum jüdischen Zentrum, dort würde man mir weiterhelfen. Ich ging dort hin, und eine Dame erklärte mir, die Neue Königstrasse sei zerbombt, die gäbe es nicht mehr, wie auch alle weiteren Strassen hier in der Gegend. Ich sagte, ich sei an der Hamburger Strasse in die Mittelschule gegangen. Aber die Dame hatte keine Ahnung, sie sagte: ‹Das war nur eine Knabenschule.› Ich antwortete: ‹Das können Sie mir nicht sagen, ich hab dort gelernt!› Ich ging also um die Ecke, dort, wo die Schule war und die Sammelstelle, von der die Juden deportiert worden waren. Mir kam alles so klein vor! Wir haben da Völkerball gespielt. Eine ärmlich gekleidete Frau ging an mir vorbei und eine andere, die sah, wie ich vor dem Denkmal stehe. Im Vorbeigehen sagte sie: ‹Ja, det haben die alles jemacht!›

Ich ging zurück zum Alexanderplatz in ein Restaurant für Ausländer und beschloss, die restlichen Stunden im Museum zu verbringen. Breite Wendeltreppen führten da hoch, und ich fragte den Aufseher nach einem Plan. ‹Das gibt's doch nicht bei uns!›, sagte er, das war schon gewagt. Ich musste mich also irgendwie durchschlagen. Aber ich erinnere mich nicht an das, was ich dort gesehen habe. Ich war wie betäubt. Als die Stunden um waren und ich das ganze Geld irgendwie ausgegeben hatte, fuhr ich zurück zu Otto, der schon zitternd auf mich wartete.»

Längst hören Otto und Chaviva gemeinsam Musik. Und als Chaviva ihn ermuntert, selber wieder mit dem Geigenspiel anzufangen, ist Otto eines Tages einverstanden. Er mietet für drei

Monate eine Geige, die sich als ungenügend erweist, worauf eine neue gemietet wird, die Otto auch nicht überzeugt. Schliesslich taugt die Geige von Freunden aus Israel, und Otto beginnt nicht nur selber darauf zu spielen, er unterrichtet sogar den sechsjährigen Jungen einer Freundin, der es bis zum Jugendorchester des Konservatoriums schafft. Doch dann sagt Otto: «Ohne Klavierbegleitung hat das Spielen keinen Sinn», schliesslich kommt er zu Chaviva und sagt: «Es geht nicht mit der Hand.» Aber statt Geige zu spielen, beginnt er zu malen. Er organisiert sogar eine Ausstellung, an der fünfzehn Hobbymaler teilnehmen. Später vertont er Gedichte des Lyrikers Paul Celan. Die Lieder werden in Bonn mehrmals aufgeführt, Chaviva hat die Aufnahme der Hebräischen Nationalbibliothek übergeben.

Während wir uns in der Stube unterhalten, sitzt Otto im Büro am Computer. Er hat im Internet ein Kochrezept herausgesucht, das er jetzt in grossen Lettern studiert. Chaviva und ich gehen kurz zu ihm hinüber, und Otto druckt mir die Website seiner ehemaligen Firma aus. Die Möglichkeiten des Internets faszinieren ihn.

Im Winter 1993, im Alter von sechsundsiebzig Jahren, zieht sich Otto Friedmann aus dem Berufsleben zurück. Chaviva und Otto kün-digen die Büroräume und verkaufen das Mobiliar. Die noch unverkauften Geräte werden von Schulen abgeholt oder verschwinden innert zwei Stunden auf der Strasse. Unerwartet meldet sich sogar ein Interessent, der die Firma für den symbolischen Preis von fünftausend Franken übernimmt.

Chaviva und Otto sind «topfit». Sie geniessen es, erstmals in ihrem Leben nicht jeden Tag zur Arbeit gehen zu müssen. Bei der Zubereitung des Mittagessens wechseln sie sich wöchentlich ab. Doch nach einem Jahr erleidet Chaviva einen Hirnschlag.

Nach Israel reisen wird sie nie mehr können. Zwanzig Jahre sind es nun her, seit sie das letzte Mal dort war. Hingegen war sie in den letzten Jahren mehrmals in Deutschland.

1998 hört Otto am Radio eine Geschichte, die ihn empört: Eine sechzehnjährige Deutsche, deren Abiturklasse mit einer israelischen Schule einen Austauschbesuch plant, soll nicht mit nach Israel dürfen. Die junge Frau ist die Enkelin von Werner Best, der nicht nur Nazi und ein hoher Wehrmachtsoffizier war, sondern auch Obergruppenführer der SS und Theoretiker, Organisator und Personalchef der Gestapo. Im besetzten Dänemark war er deutscher Statthalter. Israelischen Familien, so hört Otto am Radio, sei nicht zuzumuten, die Enkelin eines solch hohen Nazis zu beherbergen, weshalb die junge Frau, die bereits ein wenig Hebräisch und viel über die Geschichte des jüdischen Staates gelernt hat, nicht mit auf die Reise darf. Der Fall wird in der Sendung ausführlich und kritisch kommentiert.

Otto erzählt Chaviva, was er gehört hat, und die beiden beschliessen auf seinen Vorschlag hin, dem Radiosender zu schreiben, um mit der jungen Frau in Kontakt zu treten. Mit ihrer Einwilligung erhalten sie die Adresse, und Chaviva ruft die Familie Best in Bonn an. Sie spricht zuerst mit der Mutter, dann mit der jungen Frau. «So ein Unrecht! Ich konnte mich gut in sie hineinversetzen. Und ich lud Aia ein, uns in Zürich zu besuchen.» Noch bevor sie kommt, ruft Aia an und sagt, sie wolle koscheren rheinischen Wein mitbringen, aber sie könne keinen finden. Chaviva beruhigt sie und erklärt ihr, der Wein brauche für sie nicht koscher zu sein, das sei alles kein Problem.

Am Hauptbahnhof Zürich holen Chaviva und Otto die junge Frau ab. Chaviva erinnert sich: «Ich stand beim Treffpunkt, bei der grossen Uhr, da kommt sie mit offenen Armen auf mich zu, umarmt mich und küsst mich!» Die beiden zeigen ihr die Altstadt und den See. Aia fotografiert, sie ist an allem interessiert. Während der zwei Tage, die sie in Zürich ist, reift in Chaviva ein Plan. Sie sagt zu Aia: «Ich sorge dafür, dass du fährst. Ich und meine Freundinnen: Wir schaffen das, du fährst, auch ohne diese Gruppe!» Chaviva ruft Atida und Schulka an und erzählt ihnen von einer jungen deutschen Bekannten, die am Judentum interessiert ist und gerne nach Israel reisen würde. Damit ihre Freundinnen Aia unbefangen begegnen, verschweigt sie die Verwandtschaft mit Werner Best. Und tatsächlich: Aia fliegt im selben Flugzeug wie ihre Klasse nach Tel Aviv. Bei der Ankunft steht Atida für sie parat. Aia logiert während zehn Tagen bei zwei weiteren Freundinnen in Tel Aviv und in Ma'agan Michael. Auf dem Rückflug stellt sich heraus, dass Aia die weitaus beste Zeit verlebt und mehr gesehen hat als der Rest der Klasse.

Gerti Best-Comes bedankt sich sehr bei Chaviva. Als Alt-Achtundsechzigerin engagiert sie sich sehr für soziale Gerechtigkeit. Sie scheut sich auch nicht vor unerwünschten Ansichten: Sie sagt zum Beispiel offen, dass sie die Unfehlbarkeit des Papstes ablehnt, worauf sie am Gymnasium nicht mehr Theologie unterrichten darf.

In Chavivas Büchergestell steht ein über fünfhundertseitiges Buch über Werner Best, Aias Grossvater.

Seit ich dieses Buch gelesen habe, verstehe ich, wie die Nazis in Deutschland aufkommen konnten. Der Boden, auf dem sie gediehen, wurde schon seit Anfang der Zwanzigerjahre bereitet. All das wird aufgrund von Bests Geschichte klar. Nach dem Krieg wurde er zu elf Jahren Gefängnis verurteilt, Diethart sah seinen Vater erst, als er elf Jahre alt war. «Du Nazischwein!» – die Kinder wendeten sich von ihrem Vater ab. Die Eltern waren isoliert, und die Gerti war ihnen nicht gut genug! Ich weiss nicht, ob Aia sich noch an ihren Grossvater erinnert.

Was machte er, nachdem er seine Haft abgesessen hatte?

Er lebte in Freiheit und hat als Rechtsanwalt andere ehemalige ss-Leute verteidigt. Das war ja in Deutschland damals so: Die früheren Richter erhielten alle ihre ehemaligen Posten.

Das ist schon verrückt!

Andererseits will ich dir sagen: Wie hätte Adenauer das Land wiederaufbauen sollen? Es war ja keiner da! Die ganze geistige Elite war weg! Diese Lücke konnte bis heute nicht geschlossen werden. Sie haben eine ganze Schicht von Intellektuellen ausgerottet, auch Deutsche, die zwar nicht in Auschwitz waren, aber als politische Häftlinge auch umgekommen sind.

Nach einem halben Jahr fragt Gerti, ob Chaviva und Otto sie in Bonn besuchen kommen. Die beiden sind einverstanden, doch Chaviva spürt auch grosse Hemmungen. Doch dann stellt sich heraus, dass Diethart Best, der Vater von Aia, mit der Situation noch viel mehr Mühe hat. «Die ganze Familie kam uns abholen. Aia kam als Erste auf uns zu. Die haben uns gleich aufgenommen wie Verwandte. Sie gaben uns ihr Schlafzimmer und stellten sogar jüdische Bücher hin, das war ganz rührend. Aber als wir so am Tisch sassen, merkte ich: Der Diethart ist zurückhaltend. Ich spürte die Schuld, die auf ihm lastete. Er ist Anwalt, ein grosser, schöner Mann, ein intellektueller Typ, eine Respektperson. Einmal flüsterte ich ihm ins Ohr: ‹Diethart, ich hab dich sehr lieb!›, ich glaube, das war für ihn eine Erleichterung. Ein anderes Mal, als er sich verabschiedete, hat der Otto ihn umarmt. Diethart sagte danach zu seiner Frau: ‹Dieser Moment war für mich wie Vergebung.› Das ist rührend.»

Chaviva und Otto werden auch den Freunden der Familie vorgestellt, alle wollen sie kennenlernen: Ärzte, Gymnasiallehrer und Rechtsanwälte, «Menschen, die gar nicht wissen, wie mit uns umgehen. Sie empfinden eine tiefe Schuld, ohne etwas getan zu haben. Sie luden uns ein und organisierten sogar ein Konzert, um Ottos Werke aufzuführen. – Ein anderes Deutschland! Ich glaubte ja nie, dass es das gibt!» Mit Bests entwickelt sich eine Freundschaft. Sie kommen in die Schweiz, fahren Chaviva und Otto nach Flims und Sils Maria. Als Aia heiratet, kommt sie mit ihrem Mann bei ihnen vorbei. Und Gerti ruft jeden Samstag an, um sich zu erkundigen, wie es ihnen geht.

Wenige Jahre nach der Begegnung mit der Familie Best sieht Chaviva ganz hinten in einer Publikation der Stadt Berlin ein Inserat: Für eine Ausstellung werden ehemalige jüdische Berliner gesucht, die Dank der Jugend-Alija überlebt haben, ihre Eltern aber nie mehr gesehen haben. Sie meldet sich und erhält einen Fragebogen. Doch als sie ihn ausfüllen will, merkt sie, dass sie nicht auf wenigen Zeilen antworten kann. Sie schreibt das in einem kurzen Brief und erhält einen Anruf von Gudrun Meierhof, die im Auftrag des Centrum Judaicum für die Ausstellung arbeitet, deren Titel lautet: «Aus Kindern wurden Briefe».

Bis dahin sprach Chaviva nie offen über ihre frühe Geschichte. «Es war das erste Mal, dass ich gefragt wurde. Gudrun war sehr einfühlsam, doch nach einer halben Stunde war ich schrecklich aufgewühlt und begann zu weinen. Sie war klug genug, zu fragen, ob wir eine Pause machen sollen, und nach einer Stunde rief sie mich nochmals an.» Bei diesem zweiten, längeren Gespräch fragt Gudrun Meierhof, ob sie Chaviva in Zürich zusammen mit einem Kameramann besuchen darf.

Kurz darauf kommen die beiden nach Zürich. Es entsteht ein dreistündiger Videofilm, in dem Chaviva erzählt. Gudrun bleibt noch einen weiteren Tag und lädt Chaviva und Otto ein, an der Eröffnung der Ausstellung teilzunehmen, zusammen mit acht weiteren Paaren aus verschiedenen Ländern – unter anderem Chavivas Freundin Zip aus Israel.

Im September 2004 reisen Chaviva und Otto somit ein zweites Mal nach Berlin. Otto schaut sich die neu aufgebaute Stadt an, den Reichstag und andere Sehenswürdigkeiten, doch Chaviva ist dazu nicht in Stimmung und bleibt abgesehen von den Anlässen im Zusammenhang mit der Ausstellung im Hotelzimmer. «Ich war nicht von dieser Welt. Mich hat nichts interessiert. Wozu auch? Alles war sehr schwer, aber es wurde sehr für uns gesorgt.» Die Ausstellung zeigt die Geschichte von zwölf Personen. Chaviva ist mit Ausschnitten ihres Interviews vertreten, mit den Briefen ihrer Eltern und Auszügen aus ihren Tagebüchern. Sie empfindet den Rahmen als sehr würdevoll: «Du hast gemerkt, diese Leute wollen dir echt entgegenkommen!»

Gudrun bittet Chaviva zudem, als Zeitzeugin in eine Schulklasse zu kommen. «Im Ossietzky-Gymnasium haben die mich empfangen wie ein Star, mit Respekt. Ich wurde gefragt und sollte erzählen. Ich sah, wie Leute weinten – da konnte ich nicht. Die waren echt berührt. Seitdem konnte ich eigentlich sprechen, verstehst du?»

Eines Tages fällt Chaviva am Zürcher Goldbrunnenplatz um. Die neurologische Untersuchung zeigt, dass sie bereits sechs Hirnschläge hinter sich hat. Alle im Kleinhirn, so dass sie kognitiv keine Schäden davontrug. «Ich hatte Glück, aber es ist Zufall: Läge die Störung wenige Millimeter weiter, wäre ich gelähmt oder ich hätte eine Aphasie. Das macht das Leben aus: der Zufall! Es trifft den einen, es trifft den andern.»

Bereits vor dem Unfall fühlte sich Chaviva nicht mehr sicher auf den Beinen. Da sie auch immer schlechter sah, war sie mit dem Blindenstock unterwegs. Innert zwei Wochen organisiert ihr Hausarzt die Wohnung im jüdischen Altersheim.

Nach dem Umzug liest Chaviva nach vielen Jahere wieder die Briefe ihrer Eltern. Auch dieses Mal haben sie eine stark deprimierende Wirkung.

Drei Jahre sind seither vergangen. Bücher, Musik und Wissen sind für Chaviva nach wie vor wichtig. Dass sie eine systematische Schulbildung verpasst hat, irritiert sie bis heute, es bleibt das Gefühl, etwas nachholen zu müssen. «Solange ich lebe, möchte ich noch so viel lesen und lernen wie möglich. Ich möchte beispielsweise nochmals hinter Proust gehen.»

Vor ein paar Monaten hat Chaviva aufgehört zu backen, aber sie und Otto kochen noch immer selber, kaufen auch gemeinsam ein. Chaviva geniesst die Ruhe, die in ihrem Leben eingekehrt ist, seit sie und Otto in der Alterswohnung sind. Dankbar ist sie auch für die vielen guten Freundschaften, die sie über Jahrzehnte und Kontiente mit feinen Menschen verbunden haben. «Freundschaften wie die mit Nomi und Saro oder mit Shulka und Atida zähle ich zu den grössten menschlichen Errungenschaften. Ein Geschenk ist auch unser viel jüngerer Freund Philippe, der uns regelmässig besucht und mich in die Oper ausführt.»

In ein paar Tagen kommt Atida aus Israel zu Besuch. «Wir wollen in die Chagall-Ausstellung mit ihr. Ich freue mich auf die Woche, in der sie bei uns sein wird, aber ich denke jetzt immer: Vielleicht ist es der letzte Besuch – wir werden sehen.

Ich glaube, wir sind am Ende. Wir sind am Ende! Wenn mir noch was einfällt, kann ich das ja noch anfügen.»

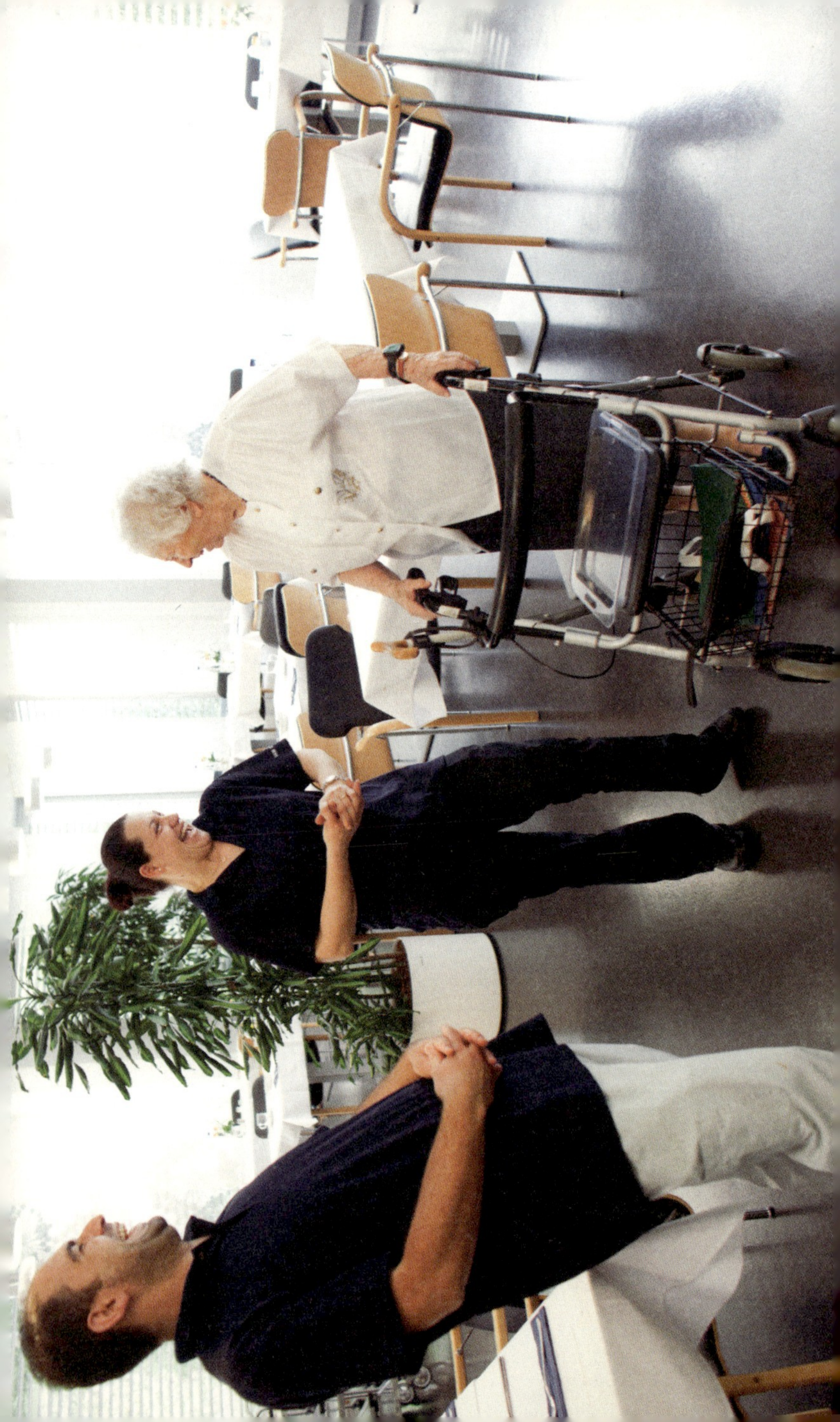

Zu Hause bei sich
Emanuel Hurwitz

1

Forchstrasse 391, bei der Zürcher Tramendstation Rehalp – die Adresse stimmte, doch die Türe, an der ich klingelte, war die falsche, denn ich stand vor der privaten Haustüre. Sie öffnete sich für mich dennoch, Emanuel Hurwitz bat mich hinein. Er führte mich an der Küche vorbei, wo kleine Kinder am Boden spielten, und die Treppe hinunter in seine psychotherapeutische Praxis. Bei dieser ersten Begegnung im Januar 1988 war ich achtzehn Jahre alt und litt an einer Essstörung. «Ich bin ganz begeistert!», notierte ich abends in mein Tagebuch. In den darauf folgenden Jahren suchte ich Emanuel Hurwitz in seiner Praxis regelmässig auf. Ich ging den Weg durch den Garten, hinein in das kleine Wartezimmer, wo ich mich jeweils freute, ihn zu sehen.

Ende Mai 2013 klingle ich beim privaten Eingang. Dieses Mal ist es der richtige. Als die Türe aufgeht, sehe ich Emanuel

mühsam
mühsam

Hurwitz nach Jahren erstmals wieder. Sein Gesichtsausdruck ist sehr ernst. Doch nur im ersten Moment, bevor wir uns begrüssen und sich die alte Vertrautheit wiedereinstellt. Ich bin nervös, mehr, als ich angenommen habe. Lässt sich unser früheres Setting einfach so ändern?

Emanuel Hurwitz ist älter geworden, er wirkt unsicherer, als ich ihn in Erinnerung habe. Nach wenigen Minuten erscheint Simon, sein älterer Sohn, den ich vor fünfundzwanzig Jahren in der Küche sah. Er entschwindet in den oberen Stock, und wir setzen uns in die Stube. Ich erzähle ein wenig über mich. Emanuel Hurwitz schält eine Zigarre aus der Stanniolhülle, dann zündet er sie an und beginnt nun seinerseits zu erzählen, was sich bei ihm verändert hat. Er lebe nicht mehr hier, sagt er, sondern mit einer neuen Partnerin in Reichenburg, Kanton Schwyz.

Als wir auf mein Vorhaben zu sprechen kommen, über sein Leben zu schreiben, fragt er: «Ist Ihnen bewusst, dass Sie dann nie mehr als Patientin zu mir kommen können?» Ja, das ist mir klar. Ich habe Emanuel Hurwitz viel zu verdanken. Die Therapie bei ihm war etwas vom Besten, was ich in meinem Leben gemacht habe. Sie dauerte Jahre, aber eines Tages war sie vorbei. Ich bin offen für ein neues Gespräch. Und neugierig, ihn in einer anderen Rolle kennenzulernen.

Draussen regnet es seit Stunden, wie so oft in diesem Mai. Ich friere ein wenig und hole meinen Schal. «Das war doch früher schon so», sagt Emanuel Hurwitz und bringt mir eine alte Wolljacke. Stimmt, auch in seiner Praxis, die sich im Untergeschoss befindet, reichte er mir oft eine wärmende Jacke. Wie sehr ändern wir uns, und was bleibt sich gleich?

Die Frage nach Zugehörigkeit zeichnet die Geschichte von Emanuel Hurwitz schon in den ersten Tagen seines Lebens aus.

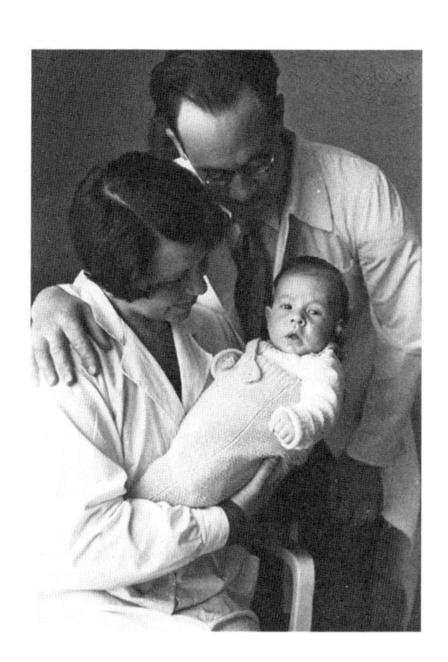

Lena und Siegmund Hurwitz mit Emanuel.

Seine Eltern, Siegmund und Lena Hurwitz, beschliessen nämlich, ihren ersten Sohn, der am 21. Februar 1935 in der Klinik Hirslanden auf die Welt kommt, nicht beschneiden zu lassen. Ein für jüdische Eltern sehr ungewöhnlicher Entscheid. Grund dafür ist ein kürzlich vorgefallener Unglücksfall in der Familie: Nachdem der erste Sohn von Siegmund Hurwitz' älterem Bruder nach der Beschneidung an einer Infektion gestorben ist, liess er seinen zweiten Sohn unbeschnitten. Nun soll auch der erste Sohn des Bruders dem Ritus nicht unterzogen werden. «Mein Vater sagte zwar immer, er habe sich dazu aus Solidarität mit seinem Bruder entschieden», sagt Emanuel Hurwitz: «Ich glaube aber, meine Eltern hatten nach dieser Geschichte ganz einfach Angst.»

Die Eltern wohnen in einer Vierzimmerwohnung an der Röschibachstrasse in Zürich-Wipkingen, wo der Vater in der

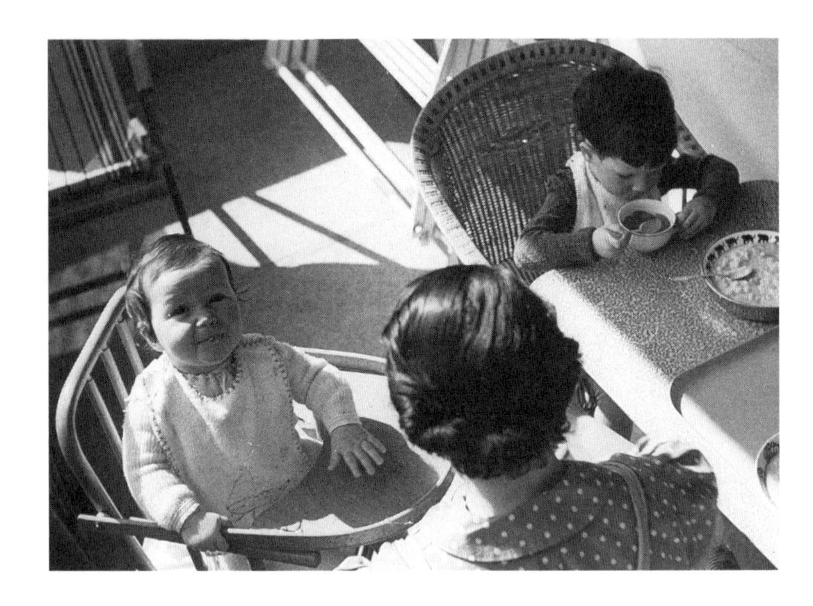

Emanuel mit seiner Schwester Noomi.

gegenüberliegenden Wohnung seine Zahnarztpraxis führt. Nach zwei Jahren wird Noomi geboren, die Familie zieht in eine grössere Wohnung in den Zürcher Kreis 6, an die Rigistrasse 54.

Die Stadt, über die der Blick vom Balkon aus schweift, ist die Wahlheimat der Eltern: Siegmund Hurwitz wuchs in Luzern auf, als Sohn eines Chasans und Religionslehrers. Lena Eisner, wie die Mutter vor der Heirat hiess, kam mit ihrer Familie im Alter von vier Jahren aus dem polnischen Lodz nach Basel, wo sie sich später zur medizinischen Laborantin ausbilden liess.

Emanuel und Noomi kennen nur die Grosseltern Hurwitz, da die Mutter den Kontakt zu ihrem Vater als erwachsene

Frau abbrach. Sie nahm ihm übel, dass er nach dem frühen Tod ihrer Mutter bald wieder heiratete. Ein Bruder der Mutter lebt mit seiner Familie in Basel, weitere Brüder sind nach Polen zurückgekehrt: «Über sie weiss man nichts. Man muss das Schlimmste annehmen.»

Das Einzige, was Emanuel Hurwitz von der Grossmutter Eisner in Erinnerung geblieben ist, ist ein Foto und die paar Brocken Polnisch, die ihm die Mutter beibrachte. Mehr weiss er über den Grossvater Michael Hurwitz, der im Alter von siebzehn Jahren aus dem litauischen Städtchen Sagaren nach Leipzig zog, um Musik zu studieren und der Rekrutierung ins zaristische Militär zu entgehen. Während seine Eltern wenig später nach Jerusalem auswanderten und sich dort später auf dem Ölberg beerdigen liessen, zog Michael Hurwitz nach kurzen Anstellungen in Deutschland und Luxemburg nach Luzern, wo er sich als privater Religionslehrer durchschlug. Später erhielt er im aargauischen Endingen eine Anstellung als Chasan, die ihm das Schweizer Bürgerrecht einbrachte.

Grossmutter Mathilde Dreifuss war als Tochter eines Tuchhändlers im aargauischen Endingen aufgewachsen, wo sich jüdische Familien seit dem Jahr 1678 niederlassen durften. Auch sie hatte in Leipzig Musik studiert, denn sie wollte Klavierlehrerin werden. Ihren Mann, Michael Hurwitz, lernte sie allerdings erst später in Luzern kennen. Den ersten Sohn brachte sie in Luzern zur Welt, die beiden Töchter in Endingen. Siegmund Hurwitz wiederum wurde in Luzern geboren, wo Michael Hurwitz mittlerweile als Chasan engagiert war. Unter sich reden die Grosseltern deutsch, die Grossmutter spricht aber auch Mundart.

«Haben Sie die orthodoxe Gemeinde Luzern einmal erlebt?», fragt Emanuel Hurwitz. «Das ist das Schwärzeste, was man sich vorstellen kann! An der Beerdigung unserer Tante

Eva sagte meine Schwester zu mir: ‹Wir sind bei einem fremden Stamm gelandet!› Mein Vater hat als Kind unter der streng orthodoxen Erziehung gelitten, er hat die Orthodoxie überhaupt als Beengung und Terror erlebt. Kaum hatte er die Matura, zog er daher nach Zürich, um zu studieren. Seine Eltern waren sehr arm. Der Vater verdiente als Chasan nur wenig. Wenn er in die Ferien wollte, musste er aus der eigenen Tasche einen Vertreter organisieren. Immerhin reichte dann aber das Geld, um Saul, dem ältesten Sohn, genannt Sali, die Ausbildung als Arzt zu bezahlen. Sali wiederum finanzierte meinem Vater das Studium, allerdings mit der Auflage, dass er den Betrag bei ihm in der Praxis als Assistent abverdient. Die beiden Brüder Hurwitz waren eine Zeitlang legendär.»

Als der Grossvater stirbt, ist Emanuel vier Jahre alt. Später zieht Mathilde Hurwitz nach Zürich, in die Nähe ihrer Söhne. Sie hält streng an den jüdischen Geboten fest. Ihretwegen führen auch die Eltern einen koscheren Haushalt. «Willst du, dass meine Mutter nicht mehr bei uns essen kann?», sagt der Vater, wenn seine Frau es wagt, an der Tradition zu rütteln. Im Zirkus Knie kauft sie den Kindern ein Schinkensandwich, und in Momenten, in denen der Vater nicht zu Hause ist, öffnet Lena Hurwitz eine Dose Leber-Paté, deren Inhalt sie auf Kartontellern mit Plastikbesteck serviert.

Emanuel hängt sehr an der Mutter: «Sie war eine lebensfrohe Frau. Mehr als einmal erzählte sie mir, ich sei als kleines Kind am liebsten im Laufgitter gelegen, den Kopf hätte ich auf einem Kissen hin und her bewegt und dazu gesungen. Sie habe das praktisch gefunden, sagte sie. So hatte sie mich unter Kontrolle.» Die Mutter ist für den Jungen «die Brücke zur Welt». Was jenseits dieser Brücke ist, macht ihm Angst: «Ich fürchtete mich vor Erwachsenen, vor anderen Kindern, vor allem. Extreme Angst hatte ich vor Hunden, die mir auf dem Weg zum

Kindergarten begegneten und mich in Panik versetzten. Einmal flüchtete ich im Nebel vor einem Hund in einen Garten, aus dem wieder ein anderer Hund auftauchte. Und nicht nur der Weg, der Kindergarten an sich war ein Drama. Einmal musste ich in der Ecke stehen, was ich als grosse Beschämung empfunden habe.» Die Eltern bringen das Kind in einen anderen Kindergarten, was die Situation aber nicht entspannt. Sie haben untereinander grosse Schwierigkeiten, was der Sohn erst viel später entdecken wird: «Ich denke, sie waren damals vor allem mit sich selber beschäftigt.» Der Vater, und später auch die Mutter, suchen Carl Gustav Jung auf, den sie bewundern: «Sie tauchten ganz ein in die Jung'sche Gesellschaft.» Einmal, als Jung an der Rigistrasse eingeladen ist, darf der kleine Sohn dem Besucher auf die Knie sitzen. «Im Rückblick denke ich, meine Ängste waren ein Versuch, mehr Aufmerksamkeit zu erlangen.»

Angst macht auch die politische Situation: Am 1. September 1939 überfällt Deutschland Polen, der Zweite Weltkrieg beginnt. Zwei Jahre später, als in der Schweiz der Einmarsch von Hitler befürchtet wird, flüchten Sali und Siegmund Hurwitz mit ihren Familien für einige Wochen ins waadtländische Rougemont. Die Grossmutter bleibt in Luzern: «Man dachte: Alten Menschen wird er ja wohl nichts antun.» Eine Schwester des Vaters wanderte schon früher nach Palästina aus.

Als Emanuel im Frühling 1942 im nahen Huttenschulhaus eingeschult wird, sind antisemitische Äusserungen von Mitschülern und Lehrern keine Seltenheit. «In der Pause oder nach Schulschluss flogen Steine und fielen Wörter wie Saujud, Scheissjud, Judensau.» Der Junge sucht Hilfe beim Lehrer: «Doch der fand, was mich plagte, nicht so schlimm. Wahrscheinlich hatte er Angst, einem Juden zu helfen. Er sagte, ich solle mich selber wehren, ausserdem gebe es ja noch einen. Es stimmte: Wir waren zu zweit. Aber was sollten zwei gegen vierzig?» Als der Bub bei den Eltern Hilfe sucht, merkt er, dass auch sie Angst haben. «Sie fürchteten sich davor, aufzufallen.»

Dennoch helfen sie jüdischen Flüchtlingen, so weit sie können. Die Mutter holt Menschen an der Grenze ab, die fremde Sprachen sprechen und erschöpft aussehen. Die Praxis des Vaters verwandelt sich einmal in ein Matratzenlager. Der Junge nimmt ein Klima der Angst wahr. Doch wovor sich die Erwachsenen fürchten, darüber wird vor den Kindern nicht gesprochen. Die Eltern wollen sie schonen. «Erst viel später habe ich realisiert, dass ich mein Leben vierzig Kilometern verdanke» – der Distanz bis zur deutschen Grenze.

Einmal fährt die Klasse mit der Sihltalbahn durch Adliswil, wo sich ein Internierungslager für Emigranten befindet. Ein Mitschüler sagt: «Hier steht der Judenzwinger.» Emanuel will wissen, was er damit meint. Der Junge antwortet, da stecke man die Juden hinein, die geflüchtet seien. Und wieso er glaube, dass man die Juden einsperren müsse, fragt ihn Emanuel zurück. Der Junge verkündet: «Das ist doch klar, das sind ganz gefährliche Leute mit einem Bocksfuss, einem langen Schwanz und Hörnern.» Emanuel eröffnet dem Jungen, er selber sei Jude, seine Vorstellung könne somit nicht stimmen. Doch nichts hilft, der Bub bleibt bei seiner Meinung. Ohnmächtig und verzweifelt kehrt Emanuel nach Hause zurück.

Oft spielt er mit Noomi, der jüngeren Schwester. Die beiden Kinder bauen Häuser aus Kartonschachteln oder sammeln auf der Rigistrasse Rossäpfel ein, die sie zum Strickhof bringen, in die nahe landwirtschaftliche Schule. Ab und zu dürfen sie mit Doktor Rosenbusch ein paar Kurven mitfahren, der als Einziger weit und breit ein Auto besitzt, mit Holzvergaser. Sie streiten auch oft. Einmal sind die Eltern in Moscia bei Ascona an einer Eranos-Tagung, wo sich Vertreter westlicher und östlicher Philosophien austauschen. Den Kindern haben sie versprochen, eine Tafel Schokolade mitzubringen, wenn sie brav sind. Emanuel schreibt ihnen: «Wir streiten nie, wir haben nur hie und da Meinungsverschiedenheiten.»

Die Eltern beschliessen, beide Kinder in die Rudolf-Steiner-Schule zu schicken. Die vierte Klasse beginnt für Emanuel dort auch nicht besser: «Als ein Mitschüler wieder einmal mit dem ‹Saujuden› anfangen wollte, sagte der Lehrer: ‹Jürg, du mit deinen roten Haaren, schämst du dich nicht?› Wir waren verwirrt, aber der Lehrer doppelte nach: ‹Sag, findest du deine Haare etwa schön?› Jürg wurde rot. ‹Siehst du›, sagte der Lehrer, ‹jetzt schämst du dich, weil du rote Haare hast, dabei kannst du gar nichts dafür. Genauso wenig kann jemand etwas dafür, wenn er Jude ist.›»

Zu Hause sagt der Vater: «Wir sind anders. Wir gehören nicht dazu. Wir sind Gäste und müssen uns entsprechend benehmen. Unsere Heimat ist höchstens zu einer kleineren Hälfte hier.» Emanuel will wissen, wo das grössere Stück Heimat sei, worauf der Vater von Palästina erzählt, einem fernen Land, das den Sohn an Ali Baba und Sindbad erinnert. Siegmund Hurwitz war schon dort, er hat das Grab seiner Grosseltern besucht. Als er von den Lehrern an der Rudolf-Steiner-Schule angefragt wird, ob Emanuel am traditionellen Weihnachtsspiel mitwirken dürfe, sagt er: «Ja, klar. Das waren doch ohnehin alles Juden!»

Am 9. Mai 1945 läuten die Kirchenglocken, die Kinder haben schulfrei – das Kriegsende wird überall gefeiert. Die Mutter fährt mit den beiden Kindern zum Hauptbahnhof, wo sie in der Konditorei Künzli so viel Patisserie essen dürfen, wie sie möchten. Süssigkeiten, die nicht schmecken, weil die Zutaten noch immer rationiert sind.

Im Winter 1947 lernt Emanuel zusammen mit einem Mitschüler für die Prüfung ins Gymnasium, beide Buben erhalten intensive Nachhilfestunden. Der Mitschüler besteht die Prüfung auf Anhieb, Emanuel muss wegen einer ungenügenden Mathenote an die mündliche Prüfung. Er besteht sie, aber in Erinnerung bleibt «eine grosse Kränkung».

Vor dem dreizehnten Geburtstag wird der Junge nach intensivem Hebräischstudium auch religiös mündig gesprochen. Den feierlichen Akt, die Bar Mizwa, feiert die Familie nicht in der Synagoge, sondern im Wohnzimmer an der Rigistrasse, wo Emanuel aus der Tora vorliest. Neben der Familie sind auch Freunde eingeladen, darunter viele Jungianer. «Nachdem mein Vater nicht mehr orthodox war, wurde er glühender Zionist. Ich glaube, meine Eltern sind nicht nach Israel ausgewandert, weil ihnen Jung irgendwie dazwischengekommen ist. Ihre neue geistige Heimat trug viele sektiererische Züge. Wir bekamen sie natürlich mit: Ein Schimpfwort, das mein Vater am Mittagstisch gerne austeilte, war ‹Animus›, der jungsche Terminus für die männliche Seite der Frau, den er im Sinne von ‹Mannweib› verwendete.»

Im Schulhaus Schanzenberg, welches sich bei der heutigen Tramhaltestelle Kantonsschule befindet, beginnt für Emanuel ein neuer Lebensabschnitt, man könnte fast sagen, eine neue Welt. Erstmals geht er gerne in die Schule und findet leicht Freunde. Der Klassen- und Lateinlehrer heisst Keist. Emanuel ist ihm schon einmal begegnet: Als kleiner Junge rannte er jeweils zusammen mit der Schwester dem Vater entgegen, wenn der aus dem Tram stieg und den Weg zur Rigistrasse hinaufschritt. Einmal verwechselten ihn die Kinder. Der fremde Mann, dem sie in die Arme rannten, sagte: «Das macht nichts. Sagt eurem Vater einen Gruss, ich bin mit ihm in die Schule gegangen. Mein Name ist Keist.»

Keist wohnt an der Büchnerstrasse, Emanuel geht den

Emanuel als
Gymnasiast.

Schulweg oft mit ihm zusammen. «Er war ein genialer Lehrer: unkonventionell und logisch.» Während sich die Bubenklasse beim Griechischlehrer nur langsam durch die Texte quält, lässt Keist die Schüler für gewisse Passagen die deutsche Übersetzung beiziehen, so dass sie mit Vergils «Aeneis» zügig vorwärts kommen. «Er sagte zu uns: ‹Ihr sollt keine Wörter kotzen, ihr sollt die Welt sehen!› Für mich wurde er sehr wichtig. Von der fünften Klasse an, als die Lehrer uns per Sie anreden mussten, sagten wir Keist, er solle uns weiterhin du sagen.» Keist vermittelt Emanuel später auch Schüler, denen er Nachhilfestunden gibt.

Bis er dreizehn Jahre alt war, erhielt Emanuel bei der Grossmutter Klavierunterricht. Er ging ungern, immer wieder sagte er, er wolle damit aufhören. Doch der Vater traute sich nicht, seine Frau zu enttäuschen. Als Emanuel nach der Bar Mitzwa sagt, er wolle Geige lernen, willigen die Eltern ein. Er erhält Stunden bei einer bekannten Geigerin und tritt ins Schulorchester ein. Als dort ein Bratschist gesucht wird, springt er in die Lücke und bringt sich das Spielen auf dem Instrument selber bei. Das gemeinsame Musizieren gefällt ihm, erstmals fühlt er sich einer Sache und der dazugehörigen Gruppe leidenschaftlich verbunden. In der vierten Klasse wird für die Aufführung eines Molière-Stückes eine Komposition gesucht. «Ich meldete mich einfach und sagte: Ich mache das!» Er komponiert eine ganz moderne Musik, die den Griechischlehrer absolut entsetzt. Doch Emanuel darf künftig mehrfach eigene Kompositionen aufführen. Er dirigiert nun auch das Orchester, einmal sogar im Grossen Tonhallesaal. Der Musiklehrer attestiert ihm grosses Talent. «Ich habe es einfach gemacht. Mit einer gewissen Unverfrorenheit. Unter anderem komponierte ich eine ‹Jüdische Suite› und ‹Variationen über ein jüdisches Volkslied›, das ich erfunden habe. Nach den Erlebnissen meiner ersten Schuljahre hatte ich den Reflex, mich nicht anzupassen und zum Judentum zu stehen.» Während der Gymnasialzeit geht er während ungefähr eines halben Jahres sogar ganz alleine am Freitagabend in die Synagoge und tritt zionistischen Jugendbünden bei.

Mit dem Velosolex, der von einem Motor angetrieben wird, fährt Emanuel zur Schule. Das Gefährt kommt auch auf die erste grössere Reise mit, die er mit seinem Freund Peter Marxer im Sommer 1951 unternimmt. Dank Beziehungen des Freundes können die beiden Gymnasiasten auf einem Rhein-Tankschiff mitfahren, als Gäste des Kapitäns. In Holland besuchen sie Freunde von Peter Marxer und schlagen in einem riesigen Park ihr Zelt auf. Wenn die beiden Jungen ihre Schweizer Pässe zeigen, hellen sich die Gesichter der Holländer auf, nicht nur weil sie keine Deutschen sind, sondern auch, weil die Schweiz im Vorjahr, als Holland unter Hochwasser litt, Sandsäcke gespendet hatte. Den Rhein entlang radeln die beiden Freunde wieder in die Schweiz zurück.

So positiv sich die Beziehung mit dem Klassenlehrer entwickelt, so schwierig wird die zum Vater. «Er sagte mir mal: Als Bub sei ich ein introvertierter Denktypus gewesen, danach hätte ich mich leider in einen extravertierten Fühltypus gewandelt. Mit anderen Worten: Früher, als du so schwierig und lebensfeindlich warst, hatte ich dich lieber als jetzt. Als ich im Gymnasium war, fand ich meinerseits, mein Vater sei schwach, unvital, und er befriedige die Bedürfnisse meiner Mutter zu wenig, weshalb sie sich so sehr auf mich konzentriere.»

1954 studiert Emanuel im Kasino Basel mit zwei Chören der Israelitischen Gemeinden Zürich und Basel anlässlich des fünfzigsten Todestages von Theodor Herzl israelische Lieder ein. Am Freitag nimmt er nach der Schule jeweils den Zug, spät abends muss er wieder zurück, da er am Samstag Schule hat. Als er einmal bemerkt, dass es ihm nicht mehr auf den Zug nach Zürich reiche, gibt es einen riesigen Skandal, weil nach dem jüdischen Gesetz das Fahren am Schabbat verboten ist. Manche Sänger weigern sich, weiter zu den Proben zu kommen, schliesslich werden sie zeitlich vorverlegt. «Alle wussten, dass ich den Zug nehme, aber man durfte es nicht aussprechen. Das war die grosse Sünde!»

Das Geschenk des Vaters zur bestandenen Matura, ist eine Schiffsreise nach Israel. Emanuel ist erstmals für mehrere Monate im jüdischen Staat. Er arbeitet in Kibbuzim und besucht eine ganze Reihe von Freunden der Eltern. Mit Blasen an den

Aus Emanuels Notizbuch seiner ersten Israelreise, 1955.

17. in Tel Aviv gebummelt.
Waad Hapoel der Mapai
BG. u. andere.
abends Cinema mit Micky 1/2

18. Abreise nach Nezer

19. גירים : verregneter Tag
abends ערב שבת Cinema

20. Ruhetag שבת Tiyul nach
Ramleh mit Gideon.

21. 9 Stunden gearbeitet:
zuerst, am Morgen Tiras
geschüttet, auf den Wagen geladen und in den Refeth gefahren wo man ablud. Am Nachmittag zuerst Heu, dann wieder Tiras dann 5 Wagen mit Mist beladen. Dusche, Brechah, dann im Garten gehackt. Abend זמרה, שיר

Füssen kehrt er wieder zurück – und dem Gefühl, dort leben zu müssen. «Ich wollte in der Schweiz nur noch einen Kühlschrank und ein Klavier kaufen und dann nach Israel auswandern.» Die Heldenmythen faszinieren ihn, es scheint ihm ein Muss, beim Aufbau des jungen Landes mitzuwirken. «Im Rückblick denke ich, ich suchte damals eine sichere Heimat.»

Nach der Matura erhält Emanuel an der Rigistrasse das Mädchenzimmer, welches im Kellergeschoss liegt. Nach der erfolgreichen Zeit im Schulorchester will er nun Komponist und Dirigent werden. Mozart und Karajan sind «das bescheidene Ziel». Der Geiger Alexander Schaichet rät Emanuel, Klavier zu lernen, weil er auch korrepetieren müsse. Bei seiner Frau, Irma Schaichet, nimmt er darauf Klavierstunden, fängt noch einmal von vorne an. Schaichets raten ihm ab, das Konservatorium zu besuchen, weil er dort vieles lernen müsse, was er bereits könne. Stattdessen nimmt Emanuel Privatstunden beim Musiker und Komponisten Paul Müller. Gleichzeitig schreibt er sich an der Universität Zürich in Musikwissenschaften ein. Der Extraordinarius heisst Paul Hindemith: «Wenn ein Seminarteilnehmer mit einer Komposition kam, sagte er: ‹Wollen wir vielleicht versuchen, das Ganze noch ein wenig aus dem Konventionellen herauszukriegen?› Es war faszinierend zuzusehen, wie er da und dort etwas änderte und begründete. Und am Ende lag ‹ein Hindemith› vor. – Es waren tolle Zeiten.»

Gegen Ende des Gymnasiums war Emanuel in den zionistischen Jugendbund Ha'schomer Ha'zair eingetreten, der von der israelischen Linkspartei Ma'pam finanziert wird. Das Ziel des ‹Schomers› ist die Alija, die Einwanderung nach Israel, deren Zeitpunkt der Jugendbund bestimmt. Er studiert bereits, da sagt der Madrich (Führer des Jugendbundes) eines Tages zu Emanuel: «Du musst dir überlegen, ob dir deine bourgeoisen

Ambitionen wichtiger sind als die Alija.» Das Ultimatum lautet: Komponist und Dirigent werden oder Alija machen. Zu diesem Regime ist Emanuel nicht bereit. Er tritt aus dem Jugendbund aus und gründet zusammen mit vier anderen Studentinnen und Studenten eine Gruppe, die sich «Ze'irei Zion» nennt, «die Jungen von Zion». Eine gewisse Zeitlang diskutieren die jungen Frauen und Männer angeregt, doch dann gehen sie wieder getrennte Wege.

Nach drei Semestern verändert sich auch anderes: Eine Krise stellt sich ein, der Auswanderungsplan kommt ins Wanken. Aus der Distanz wirkt Israel zunehmend fremd. Und Emanuel fragt sich immer mehr, ob die Vorstellungen, die er sich vom jüdischen Staat gemacht hat, nicht illusorisch sind. Auch die berufliche Zukunft in der Musik wird fragwürdig. Beim Mittagessen im Restaurant Orsini sagt Paul Müller: «Wenn es eine Alternative zur Musik gibt, dann scheint es mir sinnvoll, sich diese gut zu überlegen.» Kompositorisch sei zu wenig da. Ohne das Schülerorchester hat die Begeisterung fürs Komponieren spürbar nachgelassen. In derselben Zeit träumt Emanuel, er sei verlobt mit seiner Tante Evi, der jüngeren Schwester des Vaters, die Klavierlehrerin war. Die Grossmutter will unbedingt, dass er die Verlobung aufrecht erhält. Doch Emanuel muss ein Ritual durchlaufen, um sie zu lösen. «Dieser Traum hat mich dann auch bestärkt, mich von der Musik zu lösen.»

2

Als wir uns nach ein paar Tagen wiedersehen, ist es Sommer geworden. Am Bahnhof Enge kaufe ich meine erste Glace dieses Jahres und besteige die S-Bahn nach Reichenburg. Die Fahrt gleicht einem Bilderbuch: Auf dem türkisgrünen Zürichsee fahren Schiffe aller Art, an den grossen weht die Schweizerfahne. Die Badeanstalt, an welcher der Zug vorbeifährt, ist voller Menschen, die den plötzlichen Sommer geniessen. Dann wechselt die Szenerie, der Zug fährt an frisch gemähten Feldern vorbei, in die Linthebene hinein.

Auf dem menschenleeren Perron von Reichenburg kommt mir eine ältere Frau entgegen. Sie schiebt die Sonnenbrille hoch und sagt: «Ich bin Gertrud Looser, die Partnerin von Herrn Hurwitz.» Ich werde mit dem Auto abgeholt, was bei der Hitze angenehm ist.

In der Tiefgarage des Mehrfamilienhauses fragt mich Gertrud Looser, ob ich Angst vor Hunden habe. Ich erwarte schon einen aggressiven Hund, doch Sky, der alte Golden Retriever, der hinter der Türe der Attikawohnung wartet, gibt keinen Ton von sich und gebärdet sich gastfreundlich.

Emanuel Hurwitz und ich nehmen auf dem mit Glas überdachten Balkon Platz, Gertrud Loser bringt uns Kaffee. Der Blick schweift über die Ebene und zu den nahen Bergen, einer von ihnen ist der Speer. Noch bringe ich Emanuel Hurwitz und diese ländliche Umgebung nicht ganz zusammen. Aber er scheint sich hier wohl zu fühlen, er wirkt auf mich entspannter als bei unserem letzten Treffen. Wenn Sky die Pfoten auf seine Knie legt, erhält er ein Guetsli. «Das habe ich ihm so beigebracht», sagt der Gastgeber und lächelt verschmitzt. Für die Fortführung der Erzählung setzen wir uns in sein kleines Büro.

Nach drei Semestern Musikwissenschaften lautet die Alternative: Medizin. Emanuel schreibt sich an der Universität Basel ein, weil das Studium hier, anders als in Zürich, im Frühling beginnt. Für den Ortswechsel gibt es auch einen anderen Grund. Gegen Ende des Gymnasiums war Emanuel eine junge Frau aufgefallen, die jeweils auch an der Haltestelle Rigiplatz aus dem Tram stieg. «Sie einfach anzusprechen, wäre nicht möglich gewesen. Aber ich nahm meinen ganzen Mut zusammen und schrieb ihr einen Brief.» Zufälligerweise wohnte Esthi beim Rektor des Gymnasiums, den Emanuel aus dem Gymiorchester kennt. Das Schreiben kam gut an, die beiden lernten sich kennen und lieben. Einmal war Emanuel in Locarno bei ihren Eltern zu Besuch: «Sie waren wenig erfreut, dass nach der älteren Tochter nun auch Esthi einen Juden zum Mann haben soll.» Ebenfalls unzufrieden sind auch die Eltern Hurwitz, die sich für ihren Sohn eine jüdische Frau wünschen. Emanuel fühlt sich in diesem Konflikt hin und her gerissen, doch als Esthi in Basel eine Stelle als medizinische Zeichnerin antritt, folgt er ihr nach.

Zunächst logiert er in einem Turmzimmerchen am Schaffhauser Rheinweg. Im zweiten Semester kann er das Kellerzimmer seines Cousins übernehmen. Zusammen mit Edgar Meier, einem ehemaligen Mitschüler aus der Parallelklasse am Gymnasium, den er in Basel zufällig wiedertraf, lernt er für die erste Zwischenprüfung, das «Propi».

Doch die Beziehung mit Esthi hält nicht lange. Sie lernt schon bald einen Tessiner kennen und trennt sich von Emanuel. «Das war ziemlich schlimm.»

Auch Edgar hält nichts mehr in Basel. Die beiden Freunde beginnen das dritte Semester an der Universität Zürich. Emanuel wohnt jetzt im Kellerzimmer, das zur elterlichen Wohnung gehört. Seit er Medizin studiert, verdient er auch Geld: Er unterrichtet an verschiedenen Sekundarschulen im Kanton Zürich mathematisch-naturwissenschaftliche Fächer. Die erste Station ist Egg, wohin er täglich pfeiferauchend in der Forchbahn unterwegs ist. Das Unterrichten gefällt ihm. Am Ende jeder Vertretung dürfen die Schüler ihm schriftlich oder mündlich Fragen stellen. In Niederweningen steht auf einem der Zettel: «Bitte klären Sie uns auf über die wichtigsten gebräuchlichen Geschlechtskrankheiten.» Der junge Medizinstudent bleibt die Antwort nicht schuldig. Weiss er noch, was ihn zu diesem Studium bewogen hat? «Noch in der Primarschule hörte ich eine Radiosendung über Marie Heim-Vögtlin, die erste Ärztin der Schweiz und Mitbegründerin der Zürcher Pflegerinnenschule. Ich war beeindruckt, und mir war auf kindliche Weise klar: Ich will Arzt werden.»

Während der drei Semester bis zum zweiten «Propi» verliebt sich Emanuel in eine Baslerin. Karin (Name geändert) ist zwar jüdisch, aber Emanuel Hurwitz' Mutter hat dennoch Vorbehalte, da die korpulente Frau an einer Diskushernie leidet. Emanuel hingegen ist sich dieses Mal sicher. Karin und er legen das Datum für die Hochzeit fest und kaufen Möbel für eine gemeinsame Wohnung. Doch während eines Besuchs bei Karins Eltern, die in der Nähe von Basel leben, nehmen die Vorbereitungen für eine gemeinsame Zukunft eine unerwartete Wendung, denn Karin verändert sich plötzlich auf merkwürdige Weise. Sie will beispielsweise nicht mehr Lift fahren, sie sagt, man wisse nie, was passiert. Emanuel nimmt wahr, wie seine Freundin ihm innert weniger Tage entgleitet, wie sie zunehmend psychotisch wird. Als sich die Situation zuspitzt, liefern Karins Eltern ihre Tochter in die psychiatrische Klinik Friedmatt ein.

Emanuel fürchtet, Karin zu verlieren. Wie soll er ihre plötzliche Erkrankung einordnen? Er beginnt, Fachliteratur zu lesen, und spricht mit einem Professor der Psychiatrie, der ihm rät, die Hochzeit um vier Wochen zu verschieben – ein anderer, der Oberarzt der Friedmatt, meint, um mindestens ein Jahr. «Ich war verwirrt und hatte immer mehr das Gefühl, ich brauche selber Hilfe.» Die Eltern vermitteln ihm den Kontakt zu einem Psychiater und Enkel von C. G. Jung. «Er half mir, indem er mich stärkte. Er meinte, ich solle auf niemanden hören, ich müsse selber herausfinden, was für mich richtig sei.»

Für den Moment stimmt ein Tapetenwechsel. Denn nach den Prüfungen fährt Emanuel mit seiner Parilla, einem Motorrad mit Fussschaltung, nach Montpellier, wo er sich für zwei Stages angemeldet hat. «Die Fahrt durch Frankreich und die Landschaft entlang der südlichen Küste waren ein ungeheures Erlebnis.»

Als Karin ihn besucht, sagt Emanuel, er könne sich noch nicht für einen neuen Heiratstermin entscheiden. Sie reist enttäuscht nach Hause und wird kurz darauf wieder psychotisch. Als er davon erfährt, beschliesst Emanuel, die Beziehung zu beenden.

Nach zwölf Wochen will Emanuel nach Paris weiterfahren, wo ein weiteres Praktikum vorgesehen ist, doch die Parilla streikt. Der Zürcher Garagist meint am Telefon, das Problem liege an einem Zahnrad, das er per Post zu schicken verspricht. Bis die Lieferung beim Zoll in Sète ankommt, vergehen allerdings Wochen, so dass Emanuel das dritte und letzte Stage statt in Paris in Montpellier absolviert. Für einen Kollegen übernimmt er den Nachtdienst auf einer Abteilung für Kinder mit Kinderlähmung, die er überwachen und denen er periodisch die Bronchien absaugen muss. Der Kollege, den er vertritt, bleibt ihm am Ende des Stage achthundert Franken schuldig. «Ich war so wütend, dass ich ihn in einem Anfall von Jähzorn verprügelte», sagt Emanuel Hurwitz und fügt hinzu: «Meine beiden Söhne sind heute stolz darauf.»

Wieder in Zürich studiert er mit Edgar Meier weiter. Doch schon bald steht das zweite Praktikum an. Emanuel hat sich das Einverständnis der Prüfungskommission geholt, die drei

Monate in der Nähe von Tel Aviv zu absolvieren, am Beilinson-Spital. Er lernt intensiv Hebräisch: «Die Krankenschwestern amüsierten sich über meine Krankengeschichten, weil sie voller Fehler waren», sagt Emanuel Hurwitz und lacht.

Bei einem zweiten Praktikum im Spital von Wattwil, wo wegen einer Grippeepidemie viele Mitarbeiter fehlen, wagt sich der junge Mediziner ans Röntgen. Er versteht nur wenig davon, aber er lernt es schon bald. Und er zögert auch nicht, als der Chefarzt der Klinik fragt, ob jemand für einen Patienten eine Praxisvertretung übernehmen möchte. Doktor G. aus dem Toggenburg liegt mit einem Gips vom Fuss bis zur Hüfte im Spital. Emanuel fährt mit ihm in sein Dorf und führt dort in seiner Anwesenheit die Praxis und geht auf Hausbesuche. «Wir verstanden uns gut, und ich lernte viel von ihm.» Für komplizierte Röntgenaufnahmen schickt Doktor G. seine Patienten nach St. Gallen, zu «einem ausgezeichneten Röntgenologen und sehr netten Menschen, obwohl er Jude ist». Emanuel fragt G., ob er wisse, dass auch er Jude sei. «Ich sagte ihm auch: Wenn er die Juden nicht möge, sei es wohl besser, er suche sich einen anderen Vertreter für seine Praxis.» Wie er nur darauf komme, er könne etwas gegen die Juden haben, entgegnet Doktor G. Er sei doch kein Antisemit, im Gegenteil: Vor einem halben Jahr sei er zusammen mit seiner Frau für mehrere Wochen in Israel gewesen. Sie seien beide beeindruckt «von der Aufbauarbeit der Juden, denen er das gar nicht zugetraut hätte». Am Abend zeigt Doktor G. Dias von der Reise. Seine Begeisterung für das junge Land stimmt Emanuel wieder versöhnlich: «Mir war es recht, der Auseinandersetzung auszuweichen, denn ich fühlte mich im Grunde noch immer hilflos.»

Im Juni 1961 stirbt C. G. Jung. Die Eltern Hurwitz erleben eine schwierige Zeit. Auch deshalb, weil ihre Tochter Noomi einen nichtjüdischen Freund hat, einen deutschen Katholiken. Noomi will Hans heiraten. Die Mutter fragt Emanuel: «Wie sagen wir das jetzt dem Vater?» Als der Vater eingeweiht wird, findet er, Noomi müsse eine Analyse machen, um wieder auf den «rechten Weg» zu kommen. Aber Noomi ist auch schwanger. Emanuel sagt der Mutter, es bleibe ihr nichts anders übrig, als den Vater auch darüber aufzuklären. Diese zweite Mitteilung, die nun keinen Ausweg mehr zulässt, setzt dem Vater zu. «Es war schrecklich», erinnert sich Emanuel Hurwitz: «Beim Mittagessen sprach mein Vater kein Wort, und meiner Mutter tropften die Tränen in die Suppe.»

Im August geben sich Noomi und Hans im Zürcher Stadthaus das Jawort. Emanuel ist Trauzeuge. Das Paar, ein Freund von Hans und Emanuel essen im Restaurant Bodega zu Mittag. Am Abend lädt Siegmund Hurwitz Familie und Freunde nach Hurden zum Nachtessen ein. Er hält eine Rede und sagt: «Wir haben alle schwierige Zeiten hinter uns, aber jetzt wollen wir einen Schlussstrich ziehen!»

«Ich bin heute noch gerührt, wenn ich daran denke», sagt Emanuel Hurwitz: «Später hatte mein Vater eine sehr gute Beziehung zu Hans.»

Am Tag nach der Hochzeit fährt Emanuel nach Berlin. In einem Austin aus dem Jahr 1948, den er Doktor G. bei der letzten von mehreren Praxisvertretungen abgekauft hat. Edgar Meier, der neben ihm sitzt, hatte die Idee, nach Berlin zu fahren. Er meinte, sie könnten dort tagsüber in Ruhe aufs Staatsexamen lernen und abends ein wenig die Stadt erkunden. Die Fahrt mit dem Austin hat ihre Tücken: Bei jedem Benzintanken muss auch das Wasser und das Öl nachgefüllt werden, und der Anlasser ist kaputt. Auf der Autobahn durch die Ostzone halten Volkspolizisten die beiden Schweizer mehrmals an. Doch nachdem sie verlangen, den Motor abzustellen, helfen sie wenigstens, den Wagen wieder anzustossen.

Am 7. August treffen Emanuel und Edgar im Studentenheim Eichkamp ein. Im Haus 4 beziehen sie ein zweistöckiges Zimmer. Nach genau einer Woche, noch bevor sich der neue Alltag einstellt, werden die beiden Studenten Zeugen eines historischen Ereignisses: Die Mauer wird gebaut. Edgar sagt sofort: «Das müssen wir sehen!»

Die beiden fahren mit der S-Bahn in den östlichen Stadtteil, der mit Stacheldraht und Panzern ein kriegsähnliches Bild abgibt. Als die beiden Freunde wieder zurückwollen, sagt ein Volkspolizist: «Da können Sie jetzt nicht mehr durch!» Ein anderer Polizist realisiert, dass sie Schweizer sind, und erklärt ihnen, wie sie wieder in den Westen gelangen. Im Haus 4 herrscht grosse Aufregung. In der Küche heisst es: «Die haben den Laden dichtgemacht!» Offenbar hat niemand damit gerechnet, obwohl seit Wochen täglich in den Zeitungen stand, wie viele Menschen wieder in den Westen geflohen sind.

Nach ein paar Tagen kommt im Studentenheim ein junger Mann auf Emanuel und Edgar zu. Horst sagt, er habe eben seine Freundin Bärbel in den Westen geholt. Nun sei ihre Mutter gefährdet: «Ihr habt doch ein Auto.» Emanuel denkt: «Das fehlt gerade noch, dass ich für die Deutschen die Kastanien aus dem Feuer hole.» Aber Edgar Meier sagt: «So kannst du nicht sein. Jetzt sind wir hier und involviert.» Emanuel lenkt ein, und die beiden Schweizer holen die Frau samt ihrem Hund. Die Wiederbegegnung zwischen ihr und ihrer Tochter Bärbel berührt Emanuel sehr. Die Mutter lädt ihn und Edgar zu einer Stadtrundfahrt ein, auf der sie bemerkt: «Das hat der Hitler gebaut. Es war nicht alles schlecht.» Später sagt sie zu Emanuel, der Halbjude Horst passe ihr gar nicht, ob nicht er Interesse an ihrer Bärbel hätte. «Ich sagte ihr, ich sei nicht nur halb, sondern ganz jüdisch.»

Beide Bemerkungen halten Emanuel nicht davon ab, sich weiter als Fluchthelfer einzusetzen, denn die geschlossene Grenze und die auseinandergerissenen Familien erinnern ihn ans Warschauer Ghetto: «Danach gab es noch jemanden, den man holen musste, und noch jemanden, und jeder wusste wieder zwei, drei, die darauf warten. Es wurde eine richtige Lawine. Ich rutschte immer mehr hinein, immer mehr auch ohne Edgar.»

Im Haus 4 werden mittlerweile mit Kartoffelstempeln westdeutsche Pässe gefälscht, die Emanuel «hinüber» bringt. Bald verlangt die DDR aber eine Devisenbescheinigung, deren Farbe täglich ändert. Die einzige Möglichkeit, die Grenze zu passieren, sind somit ausländische Pässe. Im Studentenheim wird Geld gesammelt für ein Flugticket nach Zürich: Emanuel soll in der Schweiz Pässe sammeln.

«Und so bin ich dann wieder an der Rigistrasse aufgetaucht, zum Erstaunen meiner Eltern, denen ich den Grund für meine Rückkehr nicht erzählte.» Emanuel beginnt, unter Freunden und Kollegen «für eine gute Sache» Pässe zu sammeln, für Studenten, die ihr Studium im Westen nicht fortsetzen konnten, weil sie am Sonntag, an dem die Mauer gebaut wurde, im Osten waren. Über Kollegen, die wiederum ihre Freunde und Familien fragen, erhält Emanuel zweiundzwanzig Pässe.

Über seinen Schwager Hans, der Schriftgrafiker ist, gelangt er zur Firma Speckert und Klein, die amtliche Stempel herstellt. «Sie können alle haben», sagt Herr Klein in seinem Büro zu Emanuel und fügt hinzu: «Das haben wir schon mal gemacht: Im Dritten Reich und bei der Ungarnkrise. Ich brauche nur noch das Einverständnis der Bundesanwaltschaft, damit ich abgesichert bin.»

Doch der vormals involvierte Bundesanwalt hat sich inzwischen umgebracht. Sein Nachfolger ersucht die Zürcher Kantonspolizei, dafür zu sorgen, Emanuel von seinem Vorhaben abzubringen. Umgehend erhält Emanuel eine Vorladung. Er wird aufgefordert, die Pässe ihren Besitzern wieder auszuhändigen. Emanuel willigt vorderhand ein, lässt sich aber sicherheitshalber vom Rechtsanwalt Hans W. Kopp beraten. «Behalten Sie die Pässe, und machen Sie weiter», bestätigt ihn der Rechtsanwalt. Zudem gibt Balz Hatt, ein ehemaliger Studentenführer während der Ungarnkrise, grünes Licht: «Sie kontrollieren dich am Flughafen nicht.»

Unbehelligt kehrt Emanuel mit den zweiundzwanzig Pässen im Mantelfutter nach Berlin zurück, zwar ohne Stempel, aber mit Hochglanzfolien, mit denen die Stempel angefertigt werden können. Er besitzt auch ein Schreiben von Herrn Klein an einen Berliner Kollegen, der sämtliche Wünsche erfüllt, inklusive Prägestempel für das Passfoto.

In verschiedenen Wohnungen eröffnet er eigentliche Fälscherwerkstätten, um die Pässe immer wieder neu «anzupassen». Doch nachdem er um ein Haar in die Arme der Staatssicherheit läuft und ein Beamter in Zivil seinen Pass ungewöhnlich lange nicht wieder aushändigt, beschliesst er, für die Fahrten in den Osten fortan Kuriere einzusetzen.

Während eines halben Jahres, in dem er ein ganzes Semester sausen lässt, holt er auf diese Weise zweihundertzwanzig Personen in den Westen.

Ich staune über die Energie, die Emanuel Hurwitz in diese Geschichte gesteckt hat. Was hat ihn dazu getrieben? «Es hat sich einfach so ergeben», sagt er: «Zu Beginn war ich empört über das Unrecht, jemanden nicht ausreisen zu lassen. Die Rolle muss mir auch eine gewisse Befriedigung verliehen haben.»

Die letzte Fluchthilfe misslingt, weil der Flüchtende auf

dem Zugsperron zufällig einem Bekannten begegnet, der seinen Namen ruft, worauf er augenblicklich festgenommen wird. Das Erlebnis ist ein Dämpfer. Mittlerweile werden auch kommerzielle Fluchthilfen angeboten – die Berliner Zeit ist abgelaufen. Als Emanuel Mitte Januar die Heimreise antreten will, hat der Austin den Geist aufgegeben. Es bleibt ihm nichts anderes übrig, als das Nummernschild abzuschrauben. Mit den veränderten Pässen kehrt er nach Zürich zurück. Seit zwei Wochen ist er Onkel: Noomi und Hans sind eben Eltern geworden. Wegen eines älteren Paars, das seine Pässe gab und nun plötzlich verängstigt auf dem Polizeiposten darüber berichtet, erhält Emanuel wieder eine Einladung der Kantonspolizei. Noch einmal kommt Rechtsanwalt Kopp zum Einsatz. Er telefoniert mit einem hohen Beamten der Zürcher Stadtpolizei, der ihm rät, an der ursprünglichen Version festzuhalten, und ihm versichert, Emanuel habe nichts zu befürchten, die Angelegenheit mit den «älteren Herrschaften» laufe über seinen Schreibtisch. Auf der Kantonspolizei unterschreibt Emanuel somit ein zweites Mal, dass er sämtliche Pässe wieder zurückgegeben hat. Der Polizist erwähnt, die Bundesanwaltschaft habe ihn beauftragt, ein Strafverfahren gegen ihn einzuleiten, aber darauf habe er dann verzichtet.

In der Vierergruppe, die auf das Staatsexamen lernt, ist auch Edgar Meier dabei, der vorzeitig aus Berlin abgereist ist. Edgar kommt unvorbereitet an die Treffen, was die anderen unter Druck bringt, weil sie mit ihm Zeit verlieren. Zwei Kollegen treten aus der Gruppe aus, Emanuel findet bei anderen Kollegen Anschluss, was ihm Edgar übelnimmt. Tatsächlich besteht Edgar im Unterschied zu seinen Kollegen die Prüfungen erst im Jahr darauf. «Er brach den Kontakt mit mir ab. Später wollte ich ihn mehrmals anrufen, fand ihn aber nicht im Telefonbuch. Und vor neun Jahren sah ich in der ‹Zürichsee-Zeitung›, die ich zufällig in die Hände bekam, seine Todesanzeige. An der Abdankung erfuhr ich, dass Edgar verheiratet war und eine Tochter hatte. – Ja, ich habe ihn vermisst.»

Über drei Stunden sind vergangen. Als wir aus dem kleinen Büro auf den Balkon treten, wo Gertrud Looser im Schatten sitzt, tauchen wir aus einer anderen Welt auf, aus dem Kalten Krieg.

3

Wir treffen uns wieder an der Forchstrasse, wo Emanuel Hurwitz in der Praxis noch immer Patienten empfängt. Am Montag hat er eine Stunde am Morgen und zwei am späten Nachmittag.

Eben habe ich das Aufnahmegerät hingestellt, da ertönt an der Haustüre ein freudiges «Hallo!». Hurwitz' jüngerer Sohn David und dessen Freundin Veruschka treten in die Stube ein, wir werden einander vorgestellt. Das junge Paar macht nur einen Zwischenhalt, die beiden wollen in die Ikea, um eine neue Lampe zu kaufen. «Ich habe ihnen gesagt, dass ich sie spendiere», sagt Emanuel Hurwitz augenzwinkernd, als sie wieder gegangen sind. Ungefähr im Alter von David ist er nun in seiner Erzählung.

Wenige Wochen nach dem Staatsexamen tritt Emanuel am Institut für medizinische Mikrobiologie seine erste Stelle an. Zürich erlebt gerade eine *Seegfrörni.* Über Mittag geht das ganze Institut auf den See. «Mein Chef war ein merkwürdiger Mensch, aber er hat eigentlich nicht sehr gestört. Der Oberassistent förderte mich sehr, so dass ich während dieser Zeit auch meine Dissertation schreiben konnte.» Im Rahmen dieser Forschungsarbeit über eine häufig auftretende Infektionskrankheit, die zu Missbildungen von Föten führen kann, tötet er Hunderte von Mäusen. Bereits nach neun Monaten wird er Oberassistent, wie er sagt «wegen Personalmangel». Am Institut arbeitet auch Torunn (Turün ausgesprochen), eine bildschöne Norwegerin. Emanuel verliebt sich in sie. Zwischen ihm und der verheirateten Laborantin beginnt eine Liebesgeschichte, später lässt sich Torunn scheiden.

Emanuel wohnt noch immer im Kellerzimmer der Eltern. An einem Samstagmorgen, an dem er im Institut zu tun hat, klopft die Mutter an der Türe. Als Torunn, die bei ihm übernachtet hat, nicht öffnet, holt Lena Hurwitz ihren Zimmerschlüssel. Doch Torunn hat den Riegel geschoben. Die Mutter geht wieder in die Wohnung, aber die Sache lässt ihr keine Ruhe. Noch einmal geht sie hinunter, nun schreit sie vor der verschlossenen Türe: «Aufmachen! Ich weiss, dass jemand da ist!» Torunn öffnet, und Lena Hurwitz hält mit der Standpauke nicht zurück: Was sie eigentlich meine! So etwas Unglaubliches!

Der Vater schreibt ihm aus den Ferien im Engadin einen Brief: Er und die Mutter hätten an der Rigistrasse nun während fünfundzwanzig Jahren mit allen Nachbarn in Frieden gelebt und möchten das auch in Zukunft. «So etwas» wollten sie «nie mehr erleben».

Emanuel beschliesst auszuziehen. Zufällig trifft er in der Stadt Mario Jacoby, einen Jungianer und Freund der Familie, der ihm ein Appartementzimmer in der Altstadt vermittelt. Bereits zwei Tage später kann Emanuel dort einziehen. Als die Eltern aus Sils Maria zurückkehren, von wo aus sie dem Sohn nach dem Brief eine Bündner Nusstorte schickten, ist das Kellerzimmer leer.

Emanuel plant noch einen weiteren Auszug. Er möchte eine Zeitlang in Amerika arbeiten, im «mikrobiologischen

Mekka». Doch es bleibt bei dem Vorhaben, denn im August 1964 vertraut ihm seine Mutter an, sie habe eine Genitalblutung. Die Frauenärztin ertastet einen Tumor. Lena Hurwitz wird in der Pflegerinnenschule operiert. «Nach der Operation rief mich die Ärztin an und sagte, ich solle sofort vorbeikommen. Ich wurde in den Operationssaal geführt. Meine Mutter lag da, mit offenem Bauch – er war voller Metastasen. Die Chefärztin meinte, ich müsse das sehen. Sie sagte, es bliebe ihr nichts anderes übrig, als wieder zuzunähen. Hoffnung gäbe es keine. – Ich habe Bäche geweint in dieser Pflegerinnenschule.»

Emanuel berät sich mit Noomi. Die beiden Geschwister beschliessen, weder der Mutter noch dem Vater die Wahrheit mitzuteilen. «Das war damals üblich», sagt Emanuel Hurwitz. Schon die Frauenärztin habe gesagt: «Nicht wahr, Sie sagen ihr nichts!»

Emanuel erzählt den Eltern, die wenigen Krebszellen hätten alle entfernt werden können. Die Mutter erhält eine milde Chemotherapie, die ihr eine möglichst gute Lebensqualität ermöglichen soll. Als sie die Resultate der medizinischen Abklärungen einsehen möchte, bittet Emanuel einen Kollegen, einen falschen Bericht zu schreiben, was dieser widerwillig tut. Nach einer gewissen Zeit erkundigt sich Emanuel bei der Mutter, ob sie das Schreiben gelesen habe. Er solle es doch zuerst anschauen, meint sie, und ihr nur berichten, wenn etwas Angenehmes darin stehe. «So war meine Mutter», sagt Emanuel Hurwitz: «Sie wusste es, aber sie wollte es nicht wissen. Insofern war unsere Entscheidung richtig. Aber ich hatte in dieser Zeit natürlich ständig Angst, was als Nächstes an Komplikationen kommen würde.»

Doch Lena Hurwitz erholt sich von der Operation. Sie kauft ein Auto, und an Weihnachten fahren beide Eltern nach Locarno in die Ferien. Nach ein paar Tagen ruft Siegmund

Hurwitz seinen Sohn an: Der Mutter gehe es schlecht, er wisse sich nicht mehr zu helfen. Emanuel fährt nach Locarno. Im Hotelzimmer liegt die Mutter auf einer Matratze am Boden. Mit aufgedunsenem Bauch und dünnen Armen und Beinen. Sie kann sich vor Schwäche nicht drehen und sagt zu ihrem Sohn: «Hättest du gedacht, dass du deine Mutter einmal so siehst?»

Emanuel organisiert einen Krankentransport in die Pflegerinnenschule, wo sich zeigt, wie ernst die Situation ist. «Ich höre noch immer die Ärztin, wie sie sagt: ‹Das ist das terminale Stadium.› Die Worte haben mich wahnsinnig getroffen. Trotz allem wollte ich das nicht wahrhaben.» Lena Hurwitz erhält Morphium, sie kann sich endlich entspannen. Auch Noomi ist jetzt bei ihr. Am Abend geht Siegmund Hurwitz nach Hause – Lena Hurwitz stirbt noch in derselben Nacht, in den Armen ihres Sohnes. Ihre letzten Worte sind: *«Träged em Papa Sorg!»*

«Für mich war ihr Tod sehr einschneidend. Ich weinte viel, auch bei der Abdankung, während mein Vater viel tapferer war. Wenn jemand alt ist, kann man sich als Angehöriger mit dem Tod auseinandersetzen. Als meine Mutter starb, war sie zweiundsechzig Jahre alt. Ich war dreissig. Es war ein viel zu früher Abschied.»

Die letzten Worte der Mutter nehmen sich Noomi und Emanuel zu Herzen. Sie kümmern sich täglich um den Vater. Emanuel unternimmt mit ihm eine Reise nach Korfu, die dann allerdings schwierig wird. Die Insel gefällt Emanuel so gut, dass er kurz darauf mit Torunn nochmals hinfährt. Der todkranken Mutter hat er die nichtjüdische Frau nicht vorgestellt. Doch jetzt steht einer gemeinsamen Zukunft nichts mehr im Wege: Noch vor der Reise nach Korfu heiraten die beiden.

Noomi, die bereits zwei Kinder hat, ist Trauzeugin. Aus seiner kleinen Dachwohnung, in der er jetzt wohnt, zieht Emanuel mit Torunn nach Uetikon, in eine Wohnung mit Balkon und Blick auf den See.

Nach drei Jahren Laborarbeit vermisst Emanuel die Patienten. Er entscheidet sich für die Psychiatrie. Weshalb gerade für sie? Emanuel Hurwitz' Antwort bleibt vage, er sagt: «Mir war einfach klar: Wenn ich die Mikrobiologie verlasse, dann mache ich Psychiatrie.» In seinem Buch über Antisemitismus schrieb er vor Jahren: «Es gab andere Gruppen, die ähnlicher Verachtung ausgesetzt waren wie seinerzeit die Juden: Zigeuner, Fremdarbeiter, Chronischkranke, seelisch Leidende, Homosexuelle, Jugendliche, Drogenkonsumenten: Randgruppen, die an der Peripherie der Gesellschaft leben und nichts dafür können. (...) Indem ich für neue Opfer von Diskriminierung eintrat, bekämpfte ich indirekt den Antisemitismus. Ich empfand die Identifikation mit ihnen als moralische Verpflichtung, die einer inneren Notwendigkeit entsprang. Mein Entscheid, Arzt zu werden, die Wahl der Psychiatrie als Spezialgebiet wie auch mein politisches Engagement sind aus dieser Notwendigkeit zu verstehen.»

In der psychiatrischen Klinik Burghölzli stellt er sich dem Direktor vor. «Manfred Bleuler sass da, mit der Schreibmaschine auf den Knien, und tippte meine Antworten ein. Als er fragte, was ich im Militär mache, antwortete ich: ‹Dienstuntauglich wegen Diskushernie.› Da hörte das Maschinengeklapper plötzlich auf, und er schaute mich mit durchdringendem Blick an. ‹*Gelled Sie, Herr Kollege*›, sagte er, ‹*das tuet weh!*›»

Nach den Sommerferien tritt Emanuel eine Stelle als Assistenzarzt an. Schon bald absolviert er auch Nachtdienste. Die dunklen Gänge und Garderobenständer, wo sich jemand verstecken könnte, sind ihm unheimlich. Was den Kontakt mit den Patienten betrifft, wird er ins kalte Wasser geworfen. Der Gegensatz zur Mikrobiologie ist enorm. Eines Abends ruft ihn ein Patient in der Klinik an. Er sagt, er sei im Restaurant Tessinerkeller, in der «Räuberhöhle», und werde sich jetzt das Leben nehmen. Emanuel fährt sofort hin und bringt den Mann ins Burghölzli zurück. «Als blutiger Anfänger habe ich mitagiert. Heute wäre ich strenger und würde in derselben Situation sagen: ‹Kommen Sie zu mir, und wir sprechen darüber.›»

Einen der Patienten kennt Emanuel noch aus der Zeit am Gymnasium. Robert (Name geändert) hat bei derselben Geigenlehrerin Unterricht genommen wie Emanuel. «Er spielte damals konzertreif Geige. Er war ein wenig verschroben, aber er ist nicht weiter aufgefallen.» Eines Tages wird Robert aus einer anderen Klinik ins Burghölzli überwiesen. Er ist wahnhaft und unzugänglich für ein Gespräch. Als Robert noch ein Kind war, stürzte sich sein Vater vom Walcheturm. Er spielte bereits gut Geige, da begann eine vererbte Erkrankung der Netzhaut sein Leben zu verändern: Sein Blick wurde röhrenförmig. Robert dachte, mit dem eingeschränkten Blickfeld könne er nicht mehr in einem Orchester mitspielen. Also beschloss er, Lehrer zu werden. «Nach Abschluss des Seminars hielt es der kontaktscheue Robert sechs Wochen in einer Schulklasse aus. Danach ging er nicht mehr hin.» Die Mutter, bei der er wohnte, fühlte sich von ihm bedroht, Robert wurde erstmals in eine Klinik eingewiesen. Als man ihm dort eine Geige in die Hand drückte, zertrümmerte er das Instrument. Zu Emanuel sagt er immer wieder: «Warum mischst du mir ständig Gift in die Zahnpasta?»

In Erinnerung geblieben ist Emanuel auch ein anderer Patient. Der an einer chronischen Schizophrenie leidende Mann ist äusserst gespannt und aggressiv, er stellt die verrücktesten

Dinge an. Emanuel und ein Kollege beschliessen, ihn gezielt zu fördern. Sie schicken ihn in die Gruppen- und Einzeltherapie, schon bald kann der Mann von der geschlossenen in die offene Abteilung wechseln. Es gelingt den beiden Assistenzärzten sogar, ihrem Patienten in der Stadt eine Arbeitsstelle zu vermitteln. Doch am Tag bevor der Mann zur Arbeit antreten soll, steht er mit einer dick geschwollenen Backe da. Der Eiterzahn wird ihm gezogen – und der Mann muss wieder auf die geschlossene Abteilung verlegt werden. «Es war eindrücklich, wie diese Zahnextraktion über den körperlichen Schmerz hinaus auch eine psychische Bedeutung hatte.»

Emanuel Hurwitz trifft den Mann noch heute ab und zu bei der Tramhaltestelle Balgrist an: «Heute kann man dank neueren Medikamenten solche chronischen Verläufe eher verhindern, aber es gibt sie noch immer.»

Nach drei Wochen muss Emanuel drei offene Abteilungen übernehmen, auf denen sich rund hundertzwanzig Patienten befinden. Während der vierstündigen Visite, die um fünf Uhr abends beginnt, hat er pro Patient somit im Schnitt zwei Minuten Zeit.

Punkt acht Uhr morgens treten die Ärzte zum Rapport an. Bleuler ist die Nähe zum Patienten wichtig. Er zelebriert sie richtiggehend, kein Detail ist ihm zu unwichtig. «Er konnte etwa ausrichten, Frau Rüdisühli auf dem E2 wünsche statt immer nur Erdbeerjoghurt Heidelbeerjoghurt.»

Am Anfang vergisst Emanuel, sich für das Mittagessen in der Spitalkantine anzumelden, worauf er kein Essen erhält. Bleuler, dem die Geschichte über einen anderen Assistenzarzt zu Ohren kommt, schickt Emanuel einen grossen Korb mit Esswaren. Das beiliegende Entschuldigungsschreiben endet mit den Worten: ‹Bitte bemühen Sie sich nicht, zu danken.›

«Die Zeit dort zähle ich heute noch zu meinen glücklichsten Jahren», sagt Emanuel Hurwitz: «Wir hatten das Gefühl, psychiatrisch, wissenschaftlich und psychotherapeutisch am Nabel der Welt zu sein.»

Bleuler lädt gerne Kollegen aus anderen Kliniken ein, die er nach den Symposien ins Zunfthaus zum Essen bittet. Statt Wein wird Traubensaft aufgetischt, denn Bleuler ist strenger Antialkoholiker. Auf dem Menu steht: ‹Riesling-Silvaner, 1963, extra cuvé›. Eigenwillig ist auch die Art, wie Bleuler das Zusammensein jeweils beendet: «Um zehn Uhr stand er auf und sagte: ‹So, meine Damen und Herren, das war ein schöner Abend, ich wünsche Ihnen einen guten Heimweg!› *Mir Ärzt sind uf das abe i di nächscht Beiz go suufe.*» Einmal sitzt Emanuel bei Bleuler im Büro, als dessen Sekretärin mit einer grossen Flasche Cognac hereinkommt, ein Geschenk eines Patienten. «Bleuler sagte: ‹*Fräulein Sennhuuser, Sie wüssed scho.*› Worauf die Sekretärin das kostbare Getränk in den Abguss leerte.»

Torunn und Emanuel hätten gerne ein Kind, aber der Wunsch erfüllt sich nicht. Emanuel hat den Eindruck, Torunn verändere sich auf merkwürdige Weise, sie werde zunehmend distanzlos. Verschiedene kleine Unfälle, die Torunn widerfahren, muten ihn seltsam an. Im Labor steckt sie sich etwa mit Typhus an, oder sie klemmt sich den Daumen im Lift ein. Eines Morgens hat sie Gleichgewichtsstörungen. Im Auto, auf dem Weg zur Neurologie, gesteht Torunn, sie habe Tabletten geschluckt. Emanuel vermutet, in Kombination mit Alkohol. Die beiden kehren wieder um, und Emanuel arrangiert für Torunn einen Termin bei einer Psychiaterin.

Nachdem Torunn ihre Stelle als Laborantin kündigt, häufen sich die Ausnahmezustände. Wenn Emanuel nach dem 24-Stunden-Dienst nach Hause kommt, erwarten ihn dramatische Szenen: Mal beklagt sich die Vermieterin, seine Frau habe Geschirr aus dem Fenster geworfen, mal liegt Torunn blutend in der Badewanne, nachdem sie versucht hat, sich die Pulsadern aufzuschneiden. Doch es gelingt ihr, ihren Alkoholkonsum vor Emanuel zu verheimlichen: «Unbewusst weigerte ich mich wohl, meine Frau als Patientin zu sehen.»

Emanuel arbeitet schon seit längerem in der Poliklinik, wo er die intensive Teamarbeit vermisst, wie er sie im Burghölzli erlebte: «Wir Einzelkämpfer sassen in unseren Büros und trafen uns höchstens kurz am Empfang.» Er nimmt das Angebot, als Oberarzt in die psychiatrische Klinik Hohenegg zu kommen, daher gerne an. Zuvor möchte er zusammen mit Torunn nach Skandinavien reisen, ihre Heimat kennenlernen. Zwei Tage vor der geplanten Abfahrt sagt Torunn, sie reise mit ihrem Freund nach Spanien. Emanuel fährt alleine mit dem VW-Bus über Dänemark und Schweden bis nach Norwegen, das ihm landschaftlich am besten gefällt. Nach zwei Monaten kehrt er zurück, fest entschlossen, die Ehe mit Torunn fortzusetzen. «Ein Bekannter erzählte mir, sie sei in Spanien von einer Klippe gesprungen und habe sich das Fersenbein gebrochen. Sie liege im Spital Neumünster. Da fand ich: Mit einer so unberechenbaren Frau kann ich nicht weiter zusammen sein. Ich gab die Scheidung ein.»

Aus Skandinavien zurück, tritt Emanuel die Stelle in der Klinik Hohenegg an. Er ist oft müde und leidet unter Magenkrämpfen, die er als psychosomatisch einschätzt. Um die Rapporte durchzustehen, nimmt er ein krampflösendes Schmerzmittel, sein Urin ist dunkel, nachts juckt es ihn. Eines Tages bemerkt der Klinikchef, sein Auge sei gelb. Da fällt bei ihm der Groschen: Er hat Gelbsucht.

Vor seiner Reise in den Norden hatte er während eines halben Jahres im Zürcher Waidspital gearbeitet. Nun kehrt er dorthin als Patient zurück, er muss sechs Wochen liegen: «Es war schrecklich. Mein Körper funktionierte nicht mehr.» Als es ihm wieder bessergeht, kehrt Emanuel in die Wohnung nach Uetikon zurück. Torunn zieht aus.

«Was ich später erfahren habe: Sie arbeitete wieder als Laborantin, wurde aber immer wieder hospitalisiert. Eine sogenannte Fettleber wurde diagnostiziert, ein sicheres Zeichen für chronischen Alkoholismus. Einmal litt sie unter einer Alkoholentzugspsychose. Während eines Jahres machte sie eine Entziehungskur.

Als ich bereits mit Lydia zusammenwohnte, rief mich der Pfarrer von Egg an, Torunn sei gestorben. Sie sei unbemerkt während drei Wochen in ihrer Wohnung gelegen. Er fragte, ob ich an die Beerdigung käme. Ich fuhr hin. Es war ein wunderschöner Sommertag, wir waren etwa zwölf Personen, die um eine Urne herum standen, von der noch nicht klar war, ob sie hier oder in Norwegen begraben würde. Der Pfarrer sage, Torunn sei jetzt ‹im Licht›.»

Auf dem Foto, das mir Emanuel Hurwitz zeigt, sehe ich eine strahlende blonde Frau. «Torunn wurde sehr schnell braun und lag gerne an der Sonne. Sie reiste gerne, der VW-Bus war ihre Idee. Ja, ich habe diese Frau sehr geliebt. Gleichzeitig war es die Hölle mit ihr. Eine schlimme Zeit.»

4

Das Haus an der Forchstrasse ist angenehm kühl, Emanuel Hurwitz hat die Rollläden zum Garten hinuntergezogen. Draussen ist das Thermometer auf dreissig Grad gestiegen. «Kommen Sie jetzt von der Badi?», fragt er und zündet sich eine Panalito an. «Natürlich, an so einem Tag!», antworte ich. Ich bin jedoch gerne gekommen. Wie früher, als ich Emanuel Hurwitz in der Praxis aufsuchte. Hinter den kühlen Mauern und gezogenen Lamellen empfand ich das Gespräch als beson-

Emanuel Hurwitz in seinem VW-Bus.

ders konzentriert. Fernab vom Sonnenlicht, sozusagen im Keller der eigenen Geschichte.

«Ich erzähle gerne», sagt Emanuel Hurwitz: «Aber es ist auch sehr anstrengend.» Ich staune ohnehin, dass er im Anschluss an unser letztes Treffen, bei dem er fast zweieinhalb Stunden erzählte, noch die Kraft aufbrachte für zwei Analysestunden. Auch heute ist wieder Montag, die beiden Analysanden werden ihn erwarten.

Nachdem er ein halbes Jahr in der Klinik Hohenegg gearbeitet hat, kehrt Emanuel 1970 als Oberarzt ins Burghölzli zurück.

An Ostern besucht er in Berlin ein befreundetes älteres Paar, das ihn schon mehrmals eingeladen hat. Dieses Mal ist eine zweite Tochter anwesend, der Emanuel bei seinen früheren Besuchen nicht begegnet ist. Kathrine ist Klavierlehrerin. Sie lebt bei ihrem Vater in Düsseldorf. Emanuel streift mit ihr durch Berlin, die Frau gefällt ihm. Und er ihr offensichtlich auch: Sie kommt schon bald in die Schweiz, nach Uetikon – Emanuel besucht sie in Düsseldorf. Er versteht sich gut mit ihrem Vater, der auch Zigarren raucht. Im Herbst heiraten Emanuel und Kathrine in Düsseldorf. In der grossen Wohnung des Schwiegervaters wird ein rauschendes Hochzeitsfest gefeiert, zu dem viele Freunde kommen, auch aus der Schweiz. Mit dabei sind auch Emanuels Vater, Noomi und Hans.

In Zürich besucht Kathrine einen Kurs für Schweizerdeutsch. Der Flügel, den sie mitbringt, erfordert eine grössere Wohnung. Die Suche ist schwierig, das Instrument schreckt die Vermieter ab. Über einen Kollegen hört Emanuel von einem leerstehenden Haus an der Forchstrasse. Hier hat der Flügel Platz. Siegmund Hurwitz leiht seinem Sohn fünfzigtausend Franken, obwohl er findet, ein eigenes Haus sei völlig überrissen.

Die Tätigkeit als Oberarzt bleibt Emanuel nicht in guter Erinnerung: In der Folge von 1968 rebellieren die Assistenzärzte gegen die Institution, die Emanuel in den Augen der Chefärzte vertritt. Der Loyalitätskonflikt belastet ihn. Als Jules Angst, der Direktor der Forschungsabteilung, ihn eines Tages fragt, ob er während eines Jahres bei ihm arbeiten möchte, ergreift er die Gelegenheit. Eine seiner Aufgaben besteht darin, zu untersuchen, ob eine einmalige schizophrene Erkrankung als Schizophrenie bezeichnet werden kann. Um an die entsprechenden Lebensgeschichten heranzukommen, reist er in der ganzen Schweiz herum. Als das Jahr zu Ende ist, erkundigt sich Emanuel beim Klinikchef, wie seine Perspektiven nun aussähen. Klaus Ernst sagt: «Sie wissen ja, wie der Laden läuft. In den nächsten zehn Jahren wird sich hier nichts ändern.» Mit diesen Aussichten kündigt Emanuel und eröffnet 1973 eine eigene psychotherapeutische und psychoanalytische Praxis.

Im Jahr darauf übernimmt er einen Lehrauftrag am damaligen Institut für Angewandte Psychologie. Die Vorlesungen über Psychopathologie hält er sehr gerne, ja leidenschaftlich. Entsprechend wird er als Dozent von den Studenten geschätzt.

Noch bevor er mit Torunn zusammen war, suchte Emanuel den Jungianer auf, der ihm früher geholfen hatte. Bei ihm wollte er eine Lehranalyse machen. Doch als der Psychiater ihn aufforderte, nur dann in die Stunde zu kommen, wenn er einen Traum zu erzählen habe, brach Emanuel dieses zweite Kapitel ab. «Ich hatte das Gefühl, Jungianer können nicht analytisch arbeiten, weil sie keine Ahnung haben von Übertragung und Widerstand», sagt Emanuel Hurwitz: «Das ist bis heute meine Meinung.» Später begann er bei Ambros Uchtenhagen eine freudsche Analyse, die er nach ein paar Jahren beendet, als er ans Burghölzli zurückkehrt, wo auch Uchtenhagen Oberarzt ist. Später nimmt Emanuel am Psychoanalytischen Seminar einen neuen Anlauf: «Bei Theo Glantz machte ich eine Analyse, für die ich ihm wirklich dankbar bin.»

1975 ist das «Jahr der Frau». Im Rahmen eines Vortragszyklus, in dem Gret Haller, Liliane Uchtenhagen und Laure Wyss je einen Abend bestreiten, tritt auch Emanuel auf. Zwischen ihm und Laure Wyss entsteht eine Freundschaft. Die um zweiundzwanzig Jahre ältere Journalistin und Autorin ermuntert ihn, eine Idee für einen Artikel umzusetzen. Sein Text über die apolitische Haltung der meisten Ärzte erscheint im «Magazin» des «Tages-Anzeigers». Es folgen weitere Artikel über psychiatrische und gesundheitspolitische Themen – Emanuel Hurwitz wird bekannt. Sogar über Zürich hinaus: Im Suhrkamp Verlag Zürich publiziert er 1979 ein Buch über Otto Gross, den «Paradies-Sucher zwischen Freud und Jung».

Noch als Assistenzarzt am Burghölzli fand er die Krankengeschichte des österreichischen Psychiaters, Psychoanalytikers und Anarchisten, der sich 1902 im Burghölzli wegen Drogenabhängigkeit von C. G. Jung behandeln liess. Siegmund Freud wies Gross für einen zweiten Aufenthalt in die Zürcher Klinik ein, wo Gross sich einer Kokain- und Morphium-Entziehungskur und einer Analyse unterziehen sollte. Gross brach die Behandlung aber ab, indem er aus der Klinik floh. Jung war tief getroffen und rächte sich, indem er im Nachhinein eine Dementia praecox diagnostizierte, den damaligen Begriff für Schizophrenie. Später wurde Gross, der freie Liebe propagierte und praktizierte, in Wien und Troppau gegen seinen Willen erneut hospitalisiert, sein Vater, «sein bestgehasster Feind», wurde zu seinem Vormund erklärt.

Als Emanuel zu seinem Abschied vom Burghölzli über Gross referierte, zeigte sich Bleuler am Thema sehr interessiert. Die Krankengeschichte kam in seinen Tresor. Um sie für ein Buchprojekt zu verwenden, hätte Emanuel eine Einwilligung von Gross' direkten Nachkommen vorlegen oder den Nachweis erbringen müssen, dass Gross keine Nachkommen hat. Beides stellte sich als unmöglich heraus. Als Emanuel seine eigene Praxis eröffnete, unternahm er einen neuen Versuch. Klinikdirektor Klaus Ernst schrieb ihm, eben seien zwei Berliner Politologen hier gewesen, mit der Einwilligung zweier Töchter von Otto Gross. Die eine wohne in Zürich, die andere in London. Der leibliche Vater beider Töchter war aber gar nicht Gross, sondern der Zürcher Anarchist und Maler Ernst Frick. Gross war zum Zeitpunkt ihrer Geburt allerdings noch immer mit der Mutter verheiratet.

Nachdem die angekündigte Publikation der beiden Politologen nicht erscheint und die Einwilligung der beiden Töchter vorliegt, beschliesst Emanuel, das lange gehegte Buchprojekt umzusetzen.

«Hier in der Stube lagen alle meine von Hand geschriebenen Notizen in einer langen Bahn. Eine Zeitlang war ich ganz besessen von dieser Geschichte. Mich faszinierte vor allem, dass Gross selber immer publizierte. Er griff Frauenthemen und die sexuelle Befreiung auf, und er äusserte sich auch politisch, indem er am Ende seines Lebens den Kommunismus als Paradies pries. Interessant fand ich auch, wie Freud und Jung in diese Geschichte verwickelt waren.»

«Otto Gross. Paradies-Sucher zwischen Freud und Jung» verkaufte sich siebentausendmal – für ein Schweizer Sachbuch ein Erfolg. Zehn Jahre nach der Veröffentlichung der Erstausgabe wurde in Berlin eine Otto-Gross-Gesellschaft gegründet, die Emanuel zu ihrem Ehrenpräsidenten ernannte und alle zwei Jahre einen internationalen Kongress veranstaltet.

Am Anfang ihrer Ehe beginnt Kathrine, sich für Psychologie zu interessieren. Sie nimmt als Hörerin an den Vorlesungen über Psychopathologie teil, die Emanuel am Institut für Angewandte Psychologie hält. In dieser Zeit wünscht sich das Paar ein Kind. Doch Kathrine wird nicht schwanger. Die Beziehung wird auch aus anderen Gründen schwierig, denn Emanuel fühlt sich eingeengt. Er bricht zweimal aus der Ehe aus und erzählt Kathrine davon. Nach Jahren, in denen das Paar bereits entfremdet ist, zieht Kathrine in eine eigene Wohnung. Im neunten Jahr ihrer Ehe lassen sich die beiden scheiden. «Sie tat mir leid. Ich habe ihr gegenüber heute noch ein Gefühl von Schuld, weil ich sie von Düsseldorf hierher geholt und dann verlassen habe.»

1979 wird Emanuel als Vertreter der Sozialdemokratischen Partei (SP) des Stadtkreises 1 in den Kantonsrat gewählt. In seiner Praxis trifft er Menschen, die sich für ihre Bedürfnisse und Rechte nicht selber wehren können. Emanuel setzt sich im Kantonsrat für ihre Anliegen ein. Er kämpft gegen die ungleiche Behandlung von körperlich und psychisch Kranken. Etwa, indem er erreicht, dass Gutachten für Schwangerschaftsabbrüche von den Krankenkassen übernommen werden. Er setzt auch durch, dass sie die delegierte Psychotherapie bezahlen, nachdem der Bund ihnen die Subventionen gestrichen hat.

Die SP ist für Emanuel «ein kleiner Heimatboden». An einer Debatte im Kantonsrat zur Gleichstellung von Mann und Frau leiht er spontan die Häkelarbeit einer Genossin aus. Tags darauf berichten die Zeitungen über den häkelnden Politiker. Siegmund Hurwitz goutiert das Verhalten seines Sohnes nicht, er sagt, es sei eine Beleidigung des Parlaments.

Während Emanuel alleine an der Forchstrasse wohnt, empfängt er seine Analysanden und Patienten im ersten Stock seines Hauses. Im Jahr 1980 erlebt Zürich einen politisch heissen Sommer: Jugendliche demonstrieren gegen einen hohen Kredit für das Opernhaus und für das Autonome Jugendzentrum (AJZ) an der Limmatstrasse. Emanuel wird ins Theater am Neumarkt zu einer Veranstaltung eingeladen. Er sympathisiert mit den Jugendlichen, er sieht die kreative, sozial engagierte Seite ihrer Anliegen und empfindet ihren Wunsch nach mehr Freiraum als berechtigt. Damit vertritt er auch den Kurs der SP, welche die Trägerschaft für das AJZ übernimmt. Als die Polizei mehrere Jugendliche in Präventivhaft nimmt, nachdem sie zu einer nicht bewilligten Demonstration aufgerufen haben, bezeichnet Emanuel gegenüber einem Radiosender das Vorgehen des Stadtrats als «kriminell». Der Stadtrat ist empört und erwägt eine Strafanzeige.

An der Demonstration vom 21. Juni, an der über zehntausend Personen teilnehmen, läuft er weit vorne mit. Als der Menschenzug sich von der Bahnhofstrasse über die Quaibrücke bewegt, wartet am Bellevue die Polizei mit Tränengasgewehren im Anschlag. Emanuel und andere SP-Genossen handeln mit dem Polizeikommandanten einen geordneten Rückzug der Polizei aus. Es gelingt ihnen, eine Eskalation zu verhindern.

Als Arzt engagiert sich Emanuel auch im AJZ. Die Kurse für Erste Hilfe, die er anbietet, erweisen sich als nötig, da viele Drogensüchtige zugegen sind. Während Monaten schliesst er am Mittag seine Praxis und fährt mit dem Motorrad an die Limmatstrasse, wo er bis Mitternacht arbeitet. Einmal übernachtet er dort, zusammen mit anderen prominenten Exponenten, weil durchgesickert ist, dass die Polizei eine Razzia plant. «Ich glaube, es war die schlimmste Nacht, die ich je erlebt habe. Betrunkene randalierten, es gab Schlägereien und blutige Köpfe.»

Emanuel Hurwitz in den frühen Achtzigerjahren.

Im Winter ärgert sich die radikale Gruppe «Rote Steine» darüber, dass die Jugendbewegung ihren Vertreter für eine Fernsehdiskussion nicht selber bestimmen kann. Der Gruppenführer fordert Emanuel auf, sich dafür einzusetzen, dass ein anderer Jugendlicher am Fernsehen einen Text verlesen darf. Sollte das nicht möglich sein, solle Emanuel seine Zusage für die Teilnahme an der Sendung solidarisch zurückziehen. «Mir leuchtete das eigentlich ein. Wir fuhren mit seinem Deux Cheveaux auf abenteuerlich verschneiten Strassen zum Fernsehstudio. Die Verantwortlichen lehnten unseren Vorschlag ab. Sie forderten mich aber auf, am Anfang der Sendung selber zu erklären, weshalb ich sie wieder verlasse. Ich willigte ein. Im Nachhinein sagte mir dieser Gruppenführer, er und seine Kollegen hätten mich in eine Waldhütte entführt, wenn ich an der Sendung hätte teilnehmen wollen.» Zu Hause rufen anonyme Fernsehzuschauer an, die ihn übel beschimpfen. Ähnliche Reaktionen erhielt er bereits nach einem Artikel, in dem er um ein gewisses Verständnis für die Plünderung von Pelzgeschäften warb.

An Weihnachten richtet Emanuel in der Altstadt im Haus «Karl der Grosse» Zürichs erstes Krisenzentrum ein, eine Auffangstation für Menschen in psychischer Not, die jedoch keine Einweisung in die Klinik benötigen. Ein SP-Stadtrat stellt ihm nicht nur die städtischen Räume, sondern auch Sanitätsmaterial und Bahren zur Verfügung. Emanuels Studenten vom Institut für Angewandte Psychologie und Kollegen stehen zusammen mit ihm zwischen Weihnachten und Neujahr rund um die Uhr parat. Der Einsatz nimmt allerdings eine ungeplante Wendung. Denn als die «Weihnachtsdemo» in eine Strassenschlacht ausartet, umstellt die Polizei das Gebäude und verlangt von Emanuel eine Personenkontrolle. «Ich sagte, das gehe nicht. Wir seien eine medizinische Institution, ich unterläge der Schweigepflicht.» Der Einsatzleiter der Polizei meint,

Emanuel müsse das mit Stadtrat Frick besprechen. Frick lenkt ein, die Polizei zieht wieder ab. «Es war eine verrückte Sache. Und wir hatten auf diesen Bahren natürlich auch relativ viele Genossen», sagt Emanuel Hurwitz. Wir lachen.

Doch seine Sympathie für die Jugendbewegung schwindet je länger, je mehr: «Als Jugendliche am 1. Mai zwei Gewerkschaftsvertreter blutig schlugen, die ich schätzte, gab mir das den Rest. Sie skandierten: ‹Wer hat uns verraten? Sozialdemokraten!› Ich distanzierte mich. Das war nicht meine Sache. Ich wollte auch nichts mehr mit dem AJZ zu tun haben, das zu einem rechtsfreien Raum geworden war, weil sich die Polizei nicht mehr hineingetraute.»

Zu diesem 1. Mai entdeckt Emanuel im «Volksrecht» einen Leserbrief, der ihm gefällt. Die Verfasserin heisst Lydia Trüb und ist Redaktorin einer Gewerkschaftszeitung. Emanuel schreibt einen Brief. Kurz darauf besucht er Lydia in ihrer Wohnung im Seefeld. Zwei Tage später unternehmen die beiden einen Ausflug aufs Land. «Abends sassen wir noch lange miteinander am Tisch. Wir verliebten uns ineinander.» Emanuel ist beindruckt von Lydias politischem Engagement, von ihrem Intellekt. Fünf Monate später heiratet Emanuel die um fünfzehn Jahre jüngere Lydia.

Auf dem Standesamt erfährt sie, dass fortan Endingen ihr Heimatort sein wird, und nicht mehr Zürich. Lydia ist empört. Emanuel zeigt ihr daraufhin Endingen und Lengnau. Der jüdische Friedhof, der zwischen den beiden Dörfern liegt, beeindruckt Lydia zutiefst. Emanuel stellt dennoch den Antrag, die Stadt, in der er geboren wurde und sein bisheriges Leben verbracht hat, in seinen Dokumenten als Heimatort hinzuzufügen. Nach einer langen Wartezeit wird diesem Wunsch entsprochen.

Im Jahr nach ihrer Hochzeit reisen die beiden für fünf Wochen in die USA. Sie erkunden das Land mit einem alten Mietauto, mit dem Zug und dem Flugzeug: Von New York über Chicago an die Westküste, und weiter nach Alaska. Von dort wieder zurück nach San Francisco und Las Vegas, durch die Nationalparks, bis hin zum Grand Canyon. Im Jahr darauf fahren sie mit dem Zug von Basel nach Moskau und von dort mit der Transsibirischen Eisenbahn weiter bis Irkutsk, wo sie in den Peking-Express steigen. Das siebentägige Visum für China kann nicht verlängert werden, so dass sie Weihnachten in Hongkong verbringen, in einem Hochhaus aus Glas mit Blick auf die Bucht. Ausgestattet mit einem neuen Visum reisen sie nochmals nach China, dieses Mal in den Süden. Wieder in Hongkong, fliegen sie nach Manila weiter und von dort nach Bangkok. Im Norden von Thailand befahren sie mit einer Reiseleiterin einen Fluss, reiten auf Elefanten und benutzen kleine Töffs. «Am Ende kamen wir wohlbehalten in Chiang Mai an.» Nach drei Monaten eröffnet Emanuel wieder seine Praxis.

1982 beginnt «dieser unselige Libanonkrieg», bei dem Israel mit Panzern in den Libanon einmarschiert, um die Infrastruktur der PLO zu zerstören, welche zuvor den Norden Israels mit Raketen beschossen hat.

In Zürich unterzeichnen rund dreissig Juden einen Text, der die israelische Offensive verurteilt, weil sie zu einer «Verrohung der israelischen Gesellschaft» führe. Zwei jüdische SP-Kantonsräte unterzeichnen das in den grossen Tageszeitungen veröffentliche Schreiben: Emanuel Hurwitz und Ursula Koch. Zwei weitere jüdische SP-Kantonsräte möchten ihren Namen nicht daruntersetzen. «Die Veröffentlichung dieser Stellungnahme gab einen riesigen Wirbel», erinnert sich Emanuel Hurwitz: «Jüdische Kreise reagierten empört. Sie warfen uns vor, eine innerjüdische Angelegenheit an die Öffentlichkeit zu tragen. Man sagte, wir hätten unsere Meinung in einer jüdischen Zeitung publizieren sollen. Auf der anderen Seite gab es auch Lob: Friedrich Dürrenmatt sagte, wir hätten ‹die Ehre der Schweizer Juden gerettet›.»

Emanuels Genossen schätzen seine differenzierte Sicht auf die israelische Militäraktion. Sie laden ihn im ganzen Kanton an Podien ein, «die sich zum Teil als reine PLO-Propaganda» erweisen, was Emanuel missfällt: «Mir war wichtig, kritisch zu sein, aber nicht einseitig.»

Zurück aus Asien findet Emanuel ein 1.-Mai-Flugblatt vor, auf dem steht: «Wir haben uns entschieden: Wir unterstützen ohne Vorbehalte den politischen Befreiungskampf der PLO.» Die SP der Stadt Zürich ist eine der Unterzeichnenden. Emanuel ist zutiefst betroffen: «Ich dachte: Und dafür bin ich nun an all diesen Podien aufgetreten! Eine solche einseitig antiisraelische Stellungnahme für die PLO, die damals noch die Zerstörung des Staates Israels in ihrem Programm hatte, war für mich nicht möglich mitzutragen.»

Per 1. Mai 1984 tritt Emanuel Hurwitz aus der SP und dem Kantonsrat aus. Lydia, die selber nicht in einer Partei ist, hat Verständnis für diesen Schritt. Doch Emanuel bezahlt für ihn einen hohen Preis. Viele freundschaftliche Beziehungen gehen in dieser Zeit verloren.

Die Parteisekretärin schreibt Emanuel, die Partei wolle den Austritt nicht öffentlich kommentieren, sie werde Emanuel aber zu einem persönlichen Gespräch einladen. Diese Einladung kam nie.

Eines Tages erfährt Emanuel über Sigi Feigel, den Präsidenten der Israelitischen Cultusgemeinde Zürich (ICZ), die SP lade in den Räumen der ICZ demnächst zu einer geschlossenen Gesprächsrunde über seinen Austritt aus der SP. Als Emanuel bei der Partei nachfragt, weshalb man ihn dazu nicht eingeladen habe, bekommt er zu hören, er sei ja nun kein Genosse mehr. Sigi Feigel fordert Emanuel auf, dennoch zu kommen – was Emanuel tut. Der damalige SP-Stadtparteipräsident, mit dem Emanuel früher befreundet war, erklärt sich in einleitenden Worten mit Emanuels Anwesenheit nicht einverstanden. «Aber ich war dann halt einfach dort. Es waren ja nicht die Räumlichkeiten der SP, sondern die der ICZ.»

In diesen äusserst schwierigen Tagen leidet Emanuel an starken Rückenschmerzen. Nachts liegt er schlaflos im Bett. «Irgendwann schluckte ich eine Handvoll Tabletten und bin im Universitätsspital Zürich aufgewacht. Der Chef der medizinischen Poliklinik wollte sich ‹meiner annehmen›, er stufte den Vorfall als Suizidversuch ein. Das war er nicht.»

War Ihr Austritt aus der SP ein sozialer Suizid?

Ein Gewerkschaftsgenosse sagte mir damals, ich hätte politischen Suizid begangen. Eine Welt brach für mich zusammen. Zwei Jahre früher war ich noch Stadtratskandidat der SP gewesen, bevor ich meine Kandidatur nach einer Intrige und einer zweiten Delegiertenversammlung wieder zurückgezogen hatte.

Bereuen Sie heute Ihren Austritt aus der Partei?

Ich konnte nicht anders. Für mich war diese einseitige Stellungnahme zu zentral. Von jüdischer Seite wurde mir damals gesagt, ich hätte mit meinem Austritt aus der Partei überreagiert. Dafür spricht, dass die drei anderen jüdischen Kantonsräte in der Partei geblieben sind. Was damals richtig oder falsch war, fällt mir heute sehr schwer zu sagen.

Empfanden Sie das Verhalten der SP als antisemitisch?

Auffallend war die Schärfe des Tons, mit der die Diskussion um Israel geführt wurde. Eine solche Heftigkeit und Emotionalität habe ich in anderen Debatten nie erlebt. Das hat mich tief erschüttert. Denn die SP hat sich während des Zweiten Weltkrieges klar gegen den Antisemitismus positioniert, sie war eine Festung gewesen, die Gegensteuer gegeben hat. Dass die Linke, und die SP damit, auf einen antiisraelischen Kurs umschwenkte, der kein gutes Haar mehr an Israel liess, hat mich alarmiert – wie auch einzelne andere Genossinnen und Genossen, vor allem ältere. Die PLO war damals gegen das Existenzrecht Israels. Ich hörte Leute sagen, die Israelis sollten wieder in die Länder zurückkehren, aus denen sie gekommen sind.

(Pause)

Ja, das Jahr 1984 war für mich eine Zäsur.

Und von jüdischer Seite? Wurden Sie unterstützt?

Wenig. Ich war der, der den kritischen Text zum Libanonkrieg unterschrieben hatte. Im «Israelitischen Wochenblatt» wurden die Unterzeichnenden damals als «Randjuden» bezeichnet.

5

Wir haben wieder ein festes Setting: Montags um vierzehn Uhr öffnet mir Emanuel Hurwitz die Haustüre, wir gehen durch das Esszimmer hindurch und setzen uns in die Stube. Im mit schwarzem Leder gepolsterten Sessel hat er seinen festen Platz. Dieses Mal ist auch Katze Shiva mit dabei, die Emanuel Hurwitz auf den Schoss springt. Ich sitze ihm gegenüber, die Bücherwand im Rücken. Sie besteht überwiegend aus deutscher Literatur des letzten Jahrhunderts, darunter sind auch viele Schweizer Autoren. Manche Bücherrücken kenne ich. Es sind dieselben Ausgaben, die im Büchergestell meines Vaters standen.

Er hat Emanuel Hurwitz über sein Buch kennengelernt: «Bocksfuss, Schwanz und Hörner. Vergangenes und Gegenwärtiges über Antisemiten und ihre Opfer». Ich habe es damals auch gelesen, als es erschienen ist. Das Buch, in dem mein Vater verschiedene Stellen mit Bleistift angestrichen hat, liegt jetzt auf meinem Schreibtisch.

Schon bald nach seinem Austritt aus der SP verspürt Emanuel das Bedürfnis, seinen ehemaligen Genossen die Gründe, die zu diesem Schritt geführt haben, etwas ausführlicher darzulegen. Er denkt an einen Zeitungsartikel.

In diesen Wochen ist Siegmund Hurwitz im Spital. Emanuel besucht ihn oft. Der Vater erzählt ihm viel über einen Urgrossvater, der mit dem deutschen Theologen Franz Delitzsch bekannt war, einem grossen Kenner der hebräischen und rabbinischen Literatur, der allerdings auch missionarische Ziele verfolgte. Delitzsch führte eine heftige Kontroverse mit August Rohling, der Theologe und militanter Antisemit war. Hurwitz' Urgrossvater soll ihm behilflich gewesen sein, Rohlings Lügen Punkt für Punkt zu widerlegen.

«Aus dieser Geschichte wurde unmerklich etwas Grösseres», erinnert sich Emanuel Hurwitz. Und so entsteht statt eines Zeitungsartikels ein Buch über Antisemitismus, das 1986 im Verlag Nagel & Kimche in Frauenfeld erscheint. Mit Judith Kimche, die zusammen mit einer Partnerin den Verlag führt, hatte Emanuel als Jugendlicher Geld für den Jüdischen Nationalfonds gesammelt.

Das Buch verkauft sich gut und wird auch in Deutschland wahrgenommen. Emanuel wird mehrmals eingeladen, an der Universität Hamburg einen Vortrag zu halten, auch der deutsche evangelische Kirchentag wünscht sich ihn als Referenten.

Und die Genossen?

Es gab keine Debatte, keine Reaktionen. Die Linke und die

SP haben nie ein Bedauern geäussert. Das ist einem Tabu anheimgefallen. Ich glaube, für sie war ich einfach ein Verräter.

In Ihrem Buch bezeichnen Sie den Antisemitismus als kollektiven Wahn. Kann jemand einen Wahn überhaupt zugeben?

Ich bin nicht der Erste, der das so formuliert hat. Es gibt genügend andere Literatur dazu.

Und die Zürcher Juden, haben sie reagiert?

Kaum.

Ich stelle mir diese Situation sehr einsam vor.

Ich habe das Buch gerne geschrieben. Während des Schreibens ging es mir immer gut. Das fertige Buch war für mich wie ein abgeschlossenes Kapitel.

«Im selben Jahr war eine andere Geburt sehr viel wichtiger für mich, nämlich die von Simon. Ich war in diesen Säugling vom ersten Moment an absolut verliebt. Er hatte so etwas Bezauberndes und Anmutiges! Und das ist eigentlich geblieben. Zwei Jahre später, bei der Geburt von David, hatte ich das Erlebnis der Verliebtheit nicht von Anfang an. Unsere Beziehung entwickelte sich langsam. Beide Geburten gehören aber zu den intensivsten Momenten meines Lebens. David war schon als Säugling unglaublich autonom. Simon hat sehr oft geschrien. Wenn ich am Abend aus der Praxis kam, nahm ich ihn jeweils in den Snugli und ging mit ihm während drei Stunden herum. Sobald ich mich dazwischen mal setzen wollte, begann er wieder zu schreien. Das war heftig.»

Damit die Kinder nach jüdischer Auffassung jüdisch sind, muss die Mutter entweder selbst jüdisch sein oder zum Judentum übertreten. Nach der Geburt von Simon erwägt Lydia zu konvertieren: «Wir sprachen damals mit drei Rabbinern. Zum erforderten Lernen der Regeln und Gesetze hätten wir beide ja sagen können, aber nicht zum Versprechen, Schabbat und

Kaschrut einzuhalten. Ich bin dann in die Jüdische Liberale Gemeinde eingetreten, deren Mitglied ich noch heute bin, allerdings nur als Karteileiche. Aber ich finde es gut, dass es diese Gemeinde gibt.»

Ein halbes Jahr nach der Geburt von Simon beginnt Lydia wieder im Hochbaudepartement der Stadt Zürich zu arbeiten. Die spanische Haushalthilfe schaut nach dem Kleinen. Familienleben und Praxis werden getrennt: Emanuel lässt im Kellergeschoss einen grossen Raum ausheben, zu dessen separatem Eingang der Weg an nachbarschaftlichen Gärten vorbeiführt.

Die Zeit der grossen Reisen ist vorbei. Doch er trauert ihr nicht nach: «Die Kinder aufwachsen zu sehen, hat Lydia und mich sehr erfüllt.»

Als Simon auf die Welt kam, war Emanuel einundfünfzig. Als die beiden einmal miteinander durchs Quartier spazieren, hält eine Frau Emanuel für den Grossvater. Als Simon schon in die Schule geht und jedes Kind in der Klasse etwas über seinen Vater erzählen soll, sagt er: «Mein Vater ist achtundvierzig und Major.»

Immer wieder geht Emanuel durch den Kopf, es wäre schön, «einen Fuss im Tessin zu haben». Nachdem er einmal mit Simon und einmal mit der ganzen Familie Häuser angeschaut hat, die nicht in Frage gekommen sind, spricht ihn im Dorfrestaurant von Biasca ein Immobilienverkäufer an: Er habe ein Haus in Olivone anzubieten. Emanuel war noch nie im Bleniotal. Die Familie fährt hin, doch auch dieses Objekt überzeugt sie nicht. Aber die Gegend gefällt Emanuel, besonders Malvaglia, das erste Dorf des Tals, das von einer weiten Landschaft umgeben ist. Als sich der Tessiner Immobilienhändler bei ihm wieder meldet und ihm ein Haus in Malvaglia anbietet, fährt er hin. Doch leider abermals vergebens, denn das Haus scheint

Emanuel Hurwitz und Lydia Trüb in Malvaglia.
Simon und David Hurwitz.

ihm zu verwahrlost. Doch er fährt mit Lydia und den Kindern nochmals hin – «Plötzlich waren wir alle begeistert.» Die Casa Rosa im Dorfteil Grüssa wird gekauft.

Handwerker kommen, das Haus wird instand gestellt. Doch eines Tages wird ein Baustopp verhängt, denn die Nachbarn haben das Abwasser in ihrem Keller. Emanuel erfährt, dass die Casa Rosa vor dem Verkauf versiegelt war, weil sie als unbewohnbar galt. Der Verkäufer ist im Dorf unbeliebt, es findet sich daher kein Nachbar, der Hand bietet für eine Lösung. Schliesslich schaltet sich der ehemalige Gemeindepräsident ein und vermittelt den Kontakt zu einem Einwohner, der einwilligt, das Abwasser auf seinem Grundstück abzuführen. Emanuel bezahlt für die Leitung vierundzwanzigtausend Franken.

«Am Anfang fuhren wir alle vierzehn Tage hinunter. Es gab viel zu tun. Das Haus liegt auf einem grossen Grundstück an einem ziemlich steilen Hang. Den Garten habe ich selber terrassiert. Ich habe auch einige der Möbel, die schon im Haus standen, abgeschliffen und eingeölt. Die Casa Rosa wurde wirklich schön!» Die meisten Ferien verbringt die Familie nun im Tessin. Im Sommer zieht es sie ins Bagno Publico nach Ascona.

Als Emanuel Lydia kennenlernte, hielt sie mit ihrer Kritik an Israels Politik nicht zurück. Emanuel litt darunter. Auf einer gemeinsamen Reise durch Israel war Lydia dann aber beeindruckt von den vielen heftigen Diskussionen und unterschiedlichen Meinungen, die das Land prägen. In seinem dritten Buch «Christen und Juden. Tagebuch eines Missverständnisses», das 1991 erscheint, schreibt Emanuel über diese Reise und über andere Ereignisse, die ihn im Jahr nach dem Fall der Berliner Mauer beschäftigten. Er beobachtet «eine Renaissance» von antiisraelischen und antisemitischen Vorfällen. Nicht nur in Israel und Russland, sondern auch in der Schweiz.

Eines Tages sprayt jemand auf die Friedhofsmauer gegenüber seinem Haus eine antisemitische Inschrift, die ihn alarmiert und ihm auch Angst macht. So sehr, dass er sich überlegt, mit seiner Familie nach Israel auszuwandern. Mit seiner Angst vor antisemitischen Vorfällen, ja Angst um seine Kinder, bleibt er alleine. Auch in der kleinen Gruppe von Psychoanalytikern, mit denen er sich seit vielen Jahren alle paar Wochen trifft, stösst er auf Grenzen des Verständnisses. Eine Kollegin hält ihm vor, alle Menschen um ihn herum, also auch sie, für Feinde zu halten, statt auf ihre Solidarität zu vertrauen. In der folgenden Diskussion kommen sich die Kollegen dann aber doch wieder näher. «Das wichtigste Erlebnis dieses Abends ist für mich, dass Reden trotz aller Belastungen möglich ist!», schreibt Emanuel in seinem Buch.

Seit dem 11. September 2001 ist der muslimisch-fundamentalistische Terror zum grossen Thema geworden. Eine «antisemitische Renaissance» ist in dem Masse, wie Sie sie 1990 befürchteten, weder in der Schweiz noch in anderen Ländern eingetroffen. Was denken Sie heute über Ihre damalige Einschätzung der Situation?

Manches ist aus der heutigen Perspektive überholt. Der heutige allgemeine Fremdenhass und die Angst vor einer Islamisierung haben die Juden entlastet. Wenn ich vom Minarettverbot oder einem Kopftuchverbot höre, denke ich reflexartig: Kippaverbot. Zum Terror möchte ich noch anfügen: Es gab ihn schon früher. Etwa 1970, als die Volksfront zur Befreiung Palästinas in einer von Zürich aus gestarteten Swissair-Maschine eine Zeitbombe zündete, die siebenundvierzig Menschen tötete. Im selben Jahr entführten palästinensische Terroristen drei

Flugzeuge ins jordanische Zerka, darunter eine Swissair-Maschine. Die hundertfünfundfünfzig Passagiere konnten nach sechs Tagen befreit werden. Die beiden Vorfälle haben die Schweiz damals sehr bewegt.

Was haben Ihre beiden Bücher über Antisemitismus an Gültigkeit behalten?

Die kulturelle Imprägnierung mit einem Antisemitismus, der mit dem christlichen Antijudaismus zu tun hat, ist unverändert. Ich meine damit nicht unbedingt eine bewusste Hetze, sondern alltägliche Kleinigkeiten. Heute heisst eine Fleischkonserve in der Schweizer Armee nicht mehr «*gschtampfte Jud*», man ist sensibilisierter geworden. Doch vom Tisch ist das Thema nicht, es ist lediglich latenter geworden. Als Gertrud statt «feilschen» einmal den Begriff «abjude» erwähnte, erschrak sie selber. Im Kern ist der Antisemitismus zweitausend Jahre alt. Ich glaube noch immer, was ich in «Bocksfuss, Schwanz und Hörner» geschrieben habe: Man wird den Antisemitismus nicht zum Verschwinden bringen. Es geht darum, ihn zu kontrollieren.

Siegmund Hurwitz leidet an Altersdiabetes. Er fühlt sich zunehmend schwach. Emanuel findet ihn im Hauseingang mehrmals bei der Treppe liegend, mit blutendem Kopf. Der Vater ist auch zunehmend verwirrt. Bei seinem ersten Spitalaufenthalt ruft er Emanuel um elf Uhr nachts an, was sehr ungewöhnlich ist. «Er fragte mit fester Stimme, ob ich zu ihm kommen könne. Als ich dort war, musste ich ihm genau erklären, wie er in das Spital kam. Er war mir sehr dankbar. Offensichtlich hat er nicht erwartet, dass ich komme.» Ein anderes Mal fragt er Emanuel, wo er sich eigentlich befinde: in den jüdischen Altersheimen «Sikna oder Esra – oder in einem Bordell?»

Die Beziehung zum Vater war nicht immer einfach gewe-

Emanuel Hurwitz in den Neunzigerjahren.

sen. Als Emanuel noch mit Kathrine verheiratet war, erhielt er über eine Patientin, die beim Ärztesekretariat arbeitete, Einblick in die finanziellen Verhältnisse seines Vaters. «Ich war völlig verblüfft, wie viel er verdiente, denn bei uns war es immer ein wenig *schmürzelig.*» Als der Vater sich während eines Abendessens darüber ärgerte, dass die Miete für seinen Parkplatz um zwanzig Franken aufschlug, wird Emanuel wütend.

Er verstehe nicht, sagt er, dass er sich mit seinem hohen Einkommen und seinem nicht unbeträchtlichen Vermögen darüber aufhalten müsse. «Mein Vater verabschiedete sich und ging. Im nächsten halben Jahr sprach er mit mir kein Wort mehr. Wir wohnten damals schon Haus an Haus. Er schnitt mich bei jeder Gelegenheit. Und ich sagte auch nichts. Ich hatte Angst vor seinen beleidigten Rückzügen.»

Als sie wieder miteinander sprachen, sagte der Vater, er habe nicht geglaubt, dass Emanuel die Information über eine Patientin erhalten habe. «Er meinte, ich hätte auf dem Steueramt nachgefragt, und das sei ein Zeichen, dass ich auf sein Erbe warte. – Wir sprachen nie über Geld.»

Mit zunehmender Verwirrtheit und Gebrechlichkeit wird Siegmund Hurwitz aber auch zufriedener: «Mein Vater, der meiner Schwester und mir mit jungianischen Floskeln immer alles erklären wollte, verlor seine intellektuellen Kontrollfunktionen. Zum Vorschein kam ein freundlicher, warmherziger, phantasievoller und anregender Mensch. Das zu erleben, war für mich eines der schönsten Geschenke. Unsere Beziehung wurde immer näher. In seiner Verwirrtheit sprach er von China, Griechenland und einem See bei Allschwil. Eine Nachbarin zitierte damals das Gedicht ‹Mondnacht› von Joseph von Eichendorff, in dem es in der letzten Strophe heisst: ‹Und meine Seele spannte weit ihre Flügel aus, flog durch die stillen Lande, als flöge sie nach Haus.›»

Noomi nimmt den Vater zu sich. Doch die Betreuung erweist sich nach einigen Wochen als immer schwieriger. Eines Tages ruft Noomi Emanuel am frühen Morgen an und sagt, dem Vater gehe es ganz schlecht.» Nach zwei Stunden meldete sie sich nochmals und sagte *«S'isch nüt mit schterbe»:* Nachdem ein befreundeter Theologe ihn besucht habe, sei der Vater wiederauferstanden. Die Hausärztin beschliesst dennoch, Siegmund Hurwitz wieder ins Spital einzuweisen.

In den Sommerferien wechseln sich Emanuel und Noomi ab, zuerst reist die Tochter weg, dann der Sohn. Während einer Woche übernimmt Ruth, die Enkelin, die täglichen Spitalbesuche. Schon am zweiten Tag ruft sie Emanuel in Malvaglia an: Der Grossvater sei am Sterben. Als Emanuel am Nachmittag im Spital eintrifft, ist Siegmund Hurwitz schon tot. «Es hatte eine gewisse Logik, dass er weder in meiner Anwesenheit noch in der meiner Schwester sterben wollte, sondern in der seiner Lieblingsenkelin.»

Während langer Zeit und mit vielen Pausen beginnen Emanuel und Noomi das Haus des Vaters zu räumen, in das Noomi und Hans einziehen werden. Im Schreibtisch des Vaters finden sie zahlreiche Ordner mit der Aufschrift: «Nach meinem Tod ungelesen zu vernichten». Die beiden Geschwister befolgen den Wunsch und legen die Papiere in einen Abfallsack. Auf einem kleineren Ordner fehlt die väterliche Anweisung. Sie beginnen, in den Papieren zu lesen. Eine folgenreiche Lektüre: «Ich erfuhr, dass mein Vater während Jahren eine Freundin hatte und grosse Schwierigkeiten mit meiner Mutter, die diese Situation sehr schlecht ertrug. Ich las, dass er, als ich in der vierten Klasse war, seine Freundin ans Weihnachtsspiel mitnehmen wollte, bei dem ich auftrat und wo natürlich auch meine Mutter anwesend war. Ich vermute, sie kam dann doch nicht. Jung, der während seiner Ehe auch andere Beziehungen hatte, bestärkte meinen Vater. Seine Freundin hatte einen nichtjüdischen Namen – mein Vater! Mein Bild von ihm veränderte sich ein weiteres Mal: Als ein Mensch mit einer Sexualität und Beziehungsschwierigkeiten wurde er mir noch sympathischer.

Nachdem wir die Papiere des kleinen Ordners gelesen hatten, fanden wir, wir hätten auch ein Recht auf den Rest. Also holten wir die Papiere wieder aus dem Abfallsack heraus. Aber so interessant wie das erste Tagebuch, in dessen Mitte wir dann auch auf die Anweisung zur Vernichtung gestossen sind, waren sie nicht.»

1995, ein Jahr nach dem Tod des Vaters, verspürt Emanuel plötzlich sehr starke Nackenschmerzen. Er muss einen Kragen tragen und fühlt sich krank. Die Schmerzen weiten sich aus in die Schultern, Ober- und Unterarme, und die Hausärztin bestätigt seine Vermutung, er leide an rheumatischem Vielmuskelschmerz, einer Polymyalgie. Sie verabreicht ihm eine hohe Dosis Kortison, deren Nebenwirkungen heftig ausfallen: Emanuel kann nicht schlafen, er schwitzt und hat Heisshunger. Die Schmerzen klingen ab, kommen aber wieder, sobald die Dosis Kortison unter zwanzig Milligramm beträgt. Nach einer Woche, die Emanuel im Universitätsspital verbringt, nimmt er ein Krebsmittel in kleiner Dosis, mit dem das Kortison reduziert, aber bis heute nicht ganz ersetzt werden kann.

Im Jahr darauf schmerzt die Leiste. Emanuel geht während Monaten an Krücken, bis ihm auf der rechten Seite eine künstliche Hüfte eingesetzt wird. Kurz nach der Operation erhält er auch auf der linken Seite eine neue Hüfte. Wieder geht er an Krücken. Zusätzlich setzen starke Prostatabeschwerden ein. Der Urologe eröffnet ihm, er habe ein Blasendivertikel, eine Ausstülpung der Blase, wo sich Tumore bilden können. Innert acht Monaten steht damit die dritte Operation an. Lydia begleitet Emanuel fürsorglich durch diese schwierigen Zeiten.

Emanuel ist zweiundsechzig Jahre alt. Der Altersunterschied zwischen ihm und seiner Frau wird immer spürbarer und für Lydia auch belastend. Im Frühling 2004 geraten die beiden in eine schwere Krise. Zwei Jahre später sind sie getrennt.

«Während Monaten war ich unglaublich niedergeschlagen, eine Welt brach zusammen. David spürte offenbar viel. Immer, wenn ich am Mittag zum Rauchen in den Garten ging, kam er und setze sich zu mir. Das gab mir Halt. Aber ich wusste nicht, wie weiter. Ich dachte immer: Zwei meiner Ehen sind kaputt gegangen, aber die dritte ist wirklich gut.»

Während einiger Monate trägt er eine tödliche Menge Schlafmittel mit sich herum. Doch dann hellt sich die düstere Stimmung wieder auf, nicht zuletzt dank Davids tröstender Anwesenheit im Garten und dem Gefühl, beiden Söhnen zu schulden, am Leben zu bleiben. «In Lugano, an der Bergstation des Bähnchens, warf ich das Fläschchen in einen Abfalleimer.»

Die Krise geht auch an den Söhnen nicht spurlos vorbei. Beide entwickeln schulische Probleme. Emanuel gibt sich einen Ruck. Er sitzt jetzt am Mittag nicht mehr depressiv im Gärtchen hinter der Küche.

Wegen starken Rückenschmerzen begibt sich Emanuel im Sommer 2005 in eine Basler Schmerzklinik. Die Erfolge sind leider nur vorübergehend: Bereits im Herbst muss er ein zweites Mal einrücken. Im Frühling wird er am Spinalkanal und an der Wirbelsäule operiert. Als er aus der Narkose aufwacht, kann er den linken Fuss nicht mehr bewegen. Der alarmierte Chirurg verlangt ein Röntgenbild. Als der Radiologe das Kontrastmittel spritzt, werden die Schmerzen im Rücken unerträglich. Emanuel erhält eine halbe Ampulle eines Morphiumpräparats: «Ich entschwebte. Ich hatte keine Schmerzen mehr und war einfach glücklich.»

Mit der Zeit kann er den Fuss wieder bewegen, aber gewisse Muskelgruppen funktionieren nicht mehr. Seither ist Emanuel beim Gehen unsicherer geworden, ausser Haus benützt er einen Stock.

In der langen Reihe der Krankheiten und körperlichen Beeinträchtigungen steht auch eine Operation am Knie, die schwieriger verläuft als gedacht. Zudem diagnostiziert der Arzt eine Anämie, die Emanuel bis heute schwächt, so dass er nach den geringsten körperlichen Anstrengungen erschöpft ist. Von der Rehabilitationsklinik, in die er nach der Operation eingewiesen wird, sagt er, sie sei ein «Fünf-Sterne-Gefängnis».

Ein Blick auf die Uhr zeigt: Bald kommt Emanuel Hurwitz' Patient. Wir brechen das lange Gespräch ab.

6

Emanuel Hurwitz' Erzählung ist fast in der Gegenwart angekommen. Es fehlen wenige Jahre. Jahre allerdings, in denen viel Neues begonnen hat, ja, man könnte fast sagen, ein neues Leben. Ich denke vor allem an die Partnerschaft mit Gertrud Looser und den Umzug nach Reichenburg.

Zu meiner Überraschung läuft in der Stube der Fernseher. Emanuel Hurwitz fragt mich, ob er die gespielte Gerichtsszene kurz fertigschauen könne. «Das Urteil interessiert mich. Wenn ich diese Serie sehe, denke ich manchmal, ich hätte vielleicht Jura studieren sollen.» Der Richter verkündet das Urteil, und Emanuel Hurwitz stellt den Apparat ab.

Bevor wir weiterfahren, habe ich das Bedürfnis, ihm zu sagen, wie sehr mich das letzte Gespräch bewegt hat.

Schon während der vorgehenden Treffen war ich erstaunt, wie offen Emanuel Hurwitz auch über das eigene Scheitern spricht. Ich hätte es verstanden, wenn er meine Anfrage für dieses Buch abgelehnt hätte. Als ich ihm das sage, meint er:

«Wenn man nicht offen spricht, soll man es sein lassen. Mich stören Bücher, die immer nur von gesunden und zufriedenen alten Menschen erzählen. Mich ärgert die heute weit verbreitete Glorifizierung des rüstigen Alters.»

Im Januar 2006 liest Emanuel in einem Internetforum den Eintrag einer Frau, die in Einsiedeln gerne ein Orgelkonzert besuchen möchte. «Ich schrieb ihr, mich würde das Konzert auch interessieren. Und ich legte auch gleich meinen Namen, meine Adresse und meinen Beruf offen. Als sie antwortete und es darum ging, wo wir uns treffen sollten, schrieb ich, ich wolle sie in ihrer Wohnung in Reichenburg treffen. Ich fand, da erführe ich am meisten über sie. Wir trafen uns also dort und gingen dann gemeinsam an das Konzert. Danach spazierten wir noch ein wenig am Sihlsee und assen ein Glacé. Gertrud erzählte mir ihre Lebensgeschichte.

Sie stammt aus einfachen Verhältnissen und hat sich aus eigener Kraft viel erarbeitet: Ihr Vater war Gärtner und ihre Mutter Schneiderin. Zu Hause gab es weder Bananen noch Orangen, als Schulmädchen nahm sie zum *Znüni* eine Zwiebel in die Schule mit. Gertrud arbeitete als Büroangestellte und heiratete, als sie neunzehn Jahre alt war. Sie brachte eine Tochter auf die Welt. Ihr Mann starb früh bei einem Unfall. Später heiratete sie nochmals, einen Landwirt, mit dem sie einen grossen Hof führte und eine zweite Tochter hatte. Als sie über fünfzig Jahre alt war, entschied sie sich für den beruflichen Weg, der ihr schon immer gefallen hätte: Sie liess sich als Schwesternhilfe ausbilden und absolvierte eine weitere Ausbildung in Sterbebegleitung und Palliative Care. Nachdem die zweite Ehe auseinandergegangen war, begann sie, in einem Altersheim zu arbeiten. Bis wir uns kennenlernten, lebte sie während vier Jahren alleine in ihrer Dreizimmerwohnung in Reichenburg. Heute hat Gertrud zwei Enkel von ihrer ersten Tochter, sie ist sogar Urgrossmutter.

Als ich ihr zuhörte, dachte ich: Ich war unglaublich privilegiert, vieles war in meinem Leben einfach selbstverständlich, etwa, dass ich studieren konnte. Die Frau hat mich sehr beeindruckt. Zwischen uns entwickelte sich eine Liebesbeziehung. Ich bin Gertrud gegenüber nach wie vor voller Bewunderung.»

Als in der Überbauung, in der Gertrud wohnt, eine grössere Wohnung frei wird, beschliesst das Paar, zusammenzuziehen. Gertrud habe vom ersten Moment an alles mit ihm geteilt, sagt Emanuel Hurwitz. Einmal in der Woche fährt er für ein paar Tage mit dem Zug nach Zürich, um Patienten und seine Familie zu sehen.

Nach vierunddreissig Jahren an der Forchstrasse verkauft er Lydia das hypothekenfreie Haus, das er einst mit der Unterstützung seines Vaters erworben hatte.

Sie sind jetzt an der Forchstrasse sozusagen Gast. Wie ist das?

(Zeigt auf die Bücherwände) Ja, ich habe den grössten Teil meines Lebens hier verbracht. Ich lebe etwas entwurzelt. Aber es geht. Das Pendeln hat auch etwas Bereicherndes, und Reichenburg ist sehr schön.

Wo fühlen Sie sich heute zugehörig?

Ich weiss nicht, ob ich mich heute irgendwo zugehörig fühle. Am ehesten in Reichenburg und natürlich auch hier im Haus. Aber ich denke manchmal, dass ich ein typisch jüdisches Schicksal habe: Ich lebe in zwei Welten.

Und Lydia?

Unser Verhältnis hat sich zum Glück entspannt. Es ist ruhiger geworden zwischen uns. Doch die Trennung schmerzt mich immer noch.

Anders entwickelt, als von Ihnen erhofft, hat sich auch die Psychiatrie, in der heute Technik und Statistik dominieren.

Das ist so. In der Praxis bin ich verschont davon, es sei denn, ich lese wissenschaftliche Arbeiten, die fast alle biologistisch sind. Man sagt zwar noch immer, wie wichtig die Arzt-Patient-Beziehung ist, aber im Zentrum des Interesses steht die Entwicklung von Medikamenten. Früher liessen die Krankenkassen auch eher mit sich reden. Als eine Kasse einer Patientin von mir die Therapie nicht weiter bezahlen wollte, ging ich vor Jahren mit Moritz Leuenberger als Rechtsanwalt vor Gericht.

Das klingt resigniert.

Ja. Wobei, niemand weiss, ob das Pendel mal wieder umschlägt.

Und die Psychoanalyse?

Abgesehen von der Verhaltenstherapie sind die meisten heutigen Psychotherapien aus der Psychoanalyse entstanden. Aber die Psychoanalyse hat tatsächlich ein Problem: Wenn ich heute die Zeitschrift «Psyche» lese, bewegen sich diese schwer verständlichen Texte oft im luftleeren Raum. Da ist mir unser Grüppli lieber: Wir haben immer wieder sehr interessante Diskussionen über Gott und die Welt und natürlich über Fälle, die sind fast am interessantesten.

Dieses Jahr führen Sie Ihre Praxis vierzig Jahre. Wie blicken Sie auf diese lange Zeit zurück?

Ich finde meinen Beruf bis heute sehr spannend. Die Praxis habe ich immer gerne geführt, auch wenn es mir persönlich nicht gutging. Der ganze Schrank ist voller Krankengeschichten. Viele Hunderte. Als Kind sagte man mir, ich sei neugierig. Später sagte ich: Ich habe meine Neugier zum Beruf gemacht, mein Interesse für Menschen und ihre Geschichten.

Sie hören ja nicht nur zu, sondern Sie bewirken auch etwas.

(seufzt) Ich versuche es. An der Wirkung hatte ich immer wieder meine Zweifel. Aber natürlich, es gibt Geschichten, die nehmen eine gute Wendung. Andere weniger. Und bei gewissen frage ich mich, was ich bewirkt habe.

Wie wichtig sind Ihnen Freundschaften?

Mein Bedürfnis danach hat mit zunehmendem Alter eher abgenommen: Einige Freundschaften haben sich unmerklich aufgelöst, gute Freunde sind gestorben. Über all die Jahre geblieben ist eigentlich nur das *Grüppli*.

Haben Sie einen guten Freund?

Nein.

Sie hatten mehr als eine Heimat. Oft sind Sie im Streit geschieden: Aus der SP, dem Institut für Angewandte Psychologie oder vor wenigen Jahren aus der Redaktion eines neurologisch-psychiatrischen Magazins: Ist das Nein-Sagen, das Festhalten an den eigenen Vorstellungen oder Gefühlen eine Stärke von Ihnen?

Ich würde eher sagen, ich bin unfähig, mich im Guten zu verabschieden. Mich zu trennen, fällt mir sehr schwer. Ich frage mich, ob ich die Dinge jeweils so konstellieren muss, dass ein Streit die Trennung erst möglich macht.

Welche Rolle spielt das Judentum für Sie heute?

Nach dem Tod meines Vaters sprach ich am Freitagabend bei uns oder bei Noomi Kiddusch. Heute spreche ich ihn in Reichenburg. Früher feierten wir auch Pessach und Channuka – heute nicht mehr. Nach meinem Austritt aus der SP, als ich plötzlich mehr Zeit hatte, war ich in einem Heim für jüdische Behinderte als Arzt engagiert. Meine Versuche, dort einen kompetenteren Vorstand zu etablieren, scheiterten alle an der jüdischen Solidarität, denn es hiess, die Heimleiterin sei im KZ gewesen.

War ein aktives Mitmachen in der Gemeinde nie ein Thema für Sie?

Nein, mir hat dafür die Kraft gefehlt. Aber ich lese das «Tachles» jeweils sehr genau und gebe es dann an meine Schwester weiter. (Pause) Ich möchte nicht auf einem jüdischen Friedhof begraben werden. Ich will, dass man meine Leiche verbrennt und dass die Urne in einem der beiden Friedhöfe beigesetzt wird, die sich an der Forchstrasse befinden. Das liegt mir näher.

Und die Politik, liegt die Ihnen noch nahe?

Ja, ich verfolge sie am Fernsehen mit Interesse und stimme meistens für die SP. Mein Austritt war kein Austritt aus dem Parteiprogramm.

Verfolgen Sie den Nahostkonflikt?

Ja, wenn auch mit sehr viel grösserer Distanz als früher. Als ich aufwuchs, befand sich Israel in einer heroischen Zeit. Ich habe mich mit dem Land damals sehr identifiziert. Noch den Libanonkrieg kritisierte ich aus Engagement und Interesse an Israel. Doch mit diesen Likud-Regierungen, welche die Siedler einfach machen lassen, konnte ich mich nicht mehr identifizieren, mit dem zunehmenden Chauvinismus, Nationalismus und den überhandnehmenden Orthodoxen schon gar nicht. Als ich das letzte Mal in Jerusalem war, platzierte ein Orthodoxer auf der Ben-Jehuda-Strasse einen Klapptisch mit Gebetsriemen und forderte die männlichen Passanten auf, sich diese umzubinden. Ich fand das unerhört! In diesem Sinne habe ich mit Israel einen Heimatverlust erlebt. Ein Aufgehobensein in einer jüdischen Gemeinschaft gibt es für mich nicht mehr.

Hier in der Stube stehen die vielen Bücher, die Sie gelesen haben. Wie wichtig ist die Literatur heute für Sie?

Ich lese viel. Gerne gute Krimis, Romane und Biografien. Kürzlich habe ich Verdi entdeckt. Über ihn habe ich vier Biografien gelesen, eine davon drei Mal! Er fasziniert und beeindruckt mich, auch als politischer Mensch, der mit seiner Musik eher als im Senat für die Einigung von Italien eine wichtige Rolle gespielt hat. Sein musikalischer Reichtum hat mich mit meinem damaligen Entscheid, mit dem Komponieren aufzuhören, versöhnt. Gertrud und ich waren letzthin in St. Gallen an einer Open-Air-Aufführung der Oper «Attila», mit einem Vollmond über der Stiftskirche.

Wir sind somit wieder zur Musik zurückgekehrt.

Meine Familie hat mir einen iPod geschenkt – ich höre jeden Tag Musik.

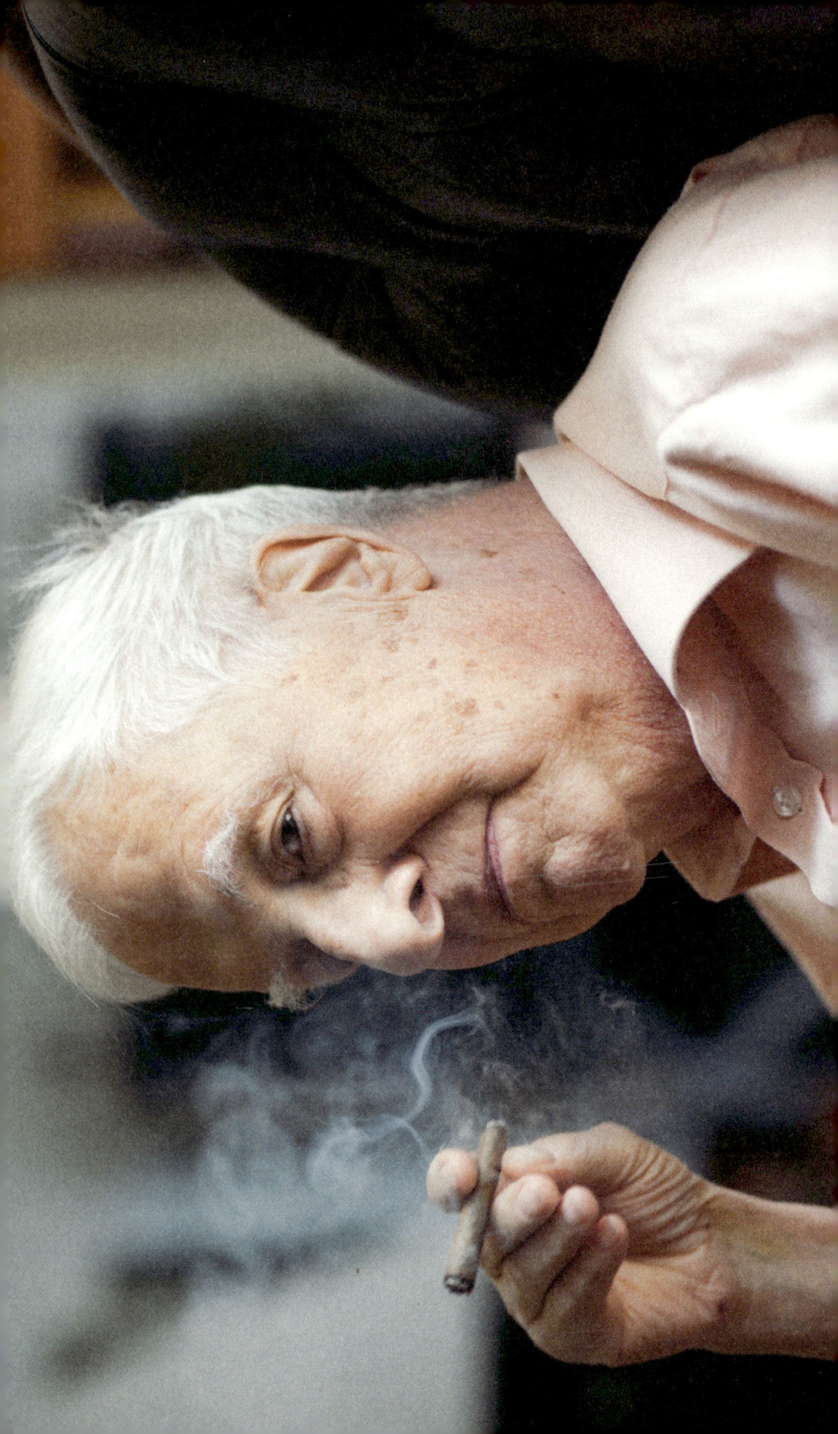

Die Autorin

Foto Daniel Rihs

Daniela Kuhn, geboren 1969, lebt in Zürich. Seit 1996 Journalistin, seit 2005 selbständige Tätigkeit für verschiedene Printmedien und Texterin für gemeinnützige Organisationen. Von Daniela Kuhn sind im Limmat Verlag «Zwischen Stall und Hotel» sowie «Ledig und frei» lieferbar.

Die Fotografin

Foto Martin Müller

Vera Markus, 1969 in Melbourne geboren, aufgewachsen in der Schweiz. Freie Fotografin in Tel Aviv sowie Bildredaktorin bei der «Neuen Zürcher Zeitung». Seit 2000 freiberufliche Fotografin in Zürich für verschiedene Printmedien und Organisationen, mehrere Ausstellungen und Buchpublikationen.

Daniela Kuhn
Zwischen Stall und Hotel
15 Lebensgeschichten aus Sils im Engadin
Fotografien von Meinrad Schade

Nietzsche, Rilke, Thomas Mann und zahlreiche weitere grosse Namen haben dem zwischen St. Moritz und dem Bergell gelegenen Dorf Sils i. E. / Segl und seiner Landschaft eine beinahe magische Ausstrahlung verliehen. Und noch heute begegnet sich während der Saison Prominenz aus aller Welt auf der Dorfstrasse. Doch wer sind die Silser?

Der gelernte Hochbauzeichner bewirtschaftet mitten im Dorf einen kleinen Kuhstall, die einstige Hotelbesitzerin hat als Kind mit Anne Frank gespielt, der ehemalige Pistenchef ist 840 Mal mit dem Kanadierschlitten ausgerückt: Fünfzehn Personen, die in Sils i. E. / Segl aufgewachsen sind und dort ihr Leben verbracht haben, erzählen Geschichten aus einem vergangenen Sils, erlauben einen untouristischen Blick hinter die Kulissen.

«Das Buch zeigt eindrücklich, wie man anhand von Lebensgeschichten ein Stück Schweizer Alltagsgeschichte vermitteln kann.» *Schweizer Radio DRS 1*

«Erst, wenn man das Buch aus der Hand legt, realisiert man, wie viel man hier vom Oberengadin erfahren hat: Oral History im besten Sinn, ein lebendiges, von ZeitzeugInnen vermitteltes Stück Lokalgeschichte.» *WoZ*

«Anschaulich, lebendig, klug beobachtet und liebevoll stellt Daniela Kuhn in ihren Texten die verschiedenen Persönlichkeiten vor, gibt ihnen Raum, lässt sie in ihrem Rhythmus erzählen, macht neugierig auf das Weiterlesen.» *Die Südostschweiz*

Daniela Kuhn
Ledig und frei
12 Lebensgeschichten von Frauen, die nicht geheiratet haben
Fotografien von Annette Boutellier

Hanni Stube blickt mit neunundneuzig Jahren auf vergangene Lieben zurück, Adelheid Senn war als Laborantin während dem Bürgerkrieg im Jemen und Eva Wohnlich hat ihre Freundin, mit der sie zweiunddreissig Jahre lang das Leben geteilt hat, durch ein Inserat in der Annabelle kennengelernt: Zwölf Frauen, geboren in Küssnacht am Rigi, Berlin oder St. Gallen, die ihren Lebensabend im Zürcher Altersheim Klus Park verbringen, erzählen, wieso sie selbstständig und berufstätig geblieben sind und wie es früher war, als «Fräulein» zu leben.

«Das Buch gibt Einblick in eine vergangene Welt, in ein anderes Denken und Handeln. Es widerlegt dabei das gängige Vorurteil, wonach ‹Fräuleins› eigenbrötlerische, alte Jungfern seien, die einsam und zurückgezogen lebten. Im Gegenteil, diese Frauen zeichnen sich durch Offenheit und Kontaktfreudigkeit aus.» *Tages-Anzeiger*

«Mitten in der politischen Diskussion um Engpässe in der Alterspflege setzt das Buch ‹Ledig und frei› von Daniela Kuhn einen Kontrapunkt: Die Journalistin lässt darin Frauen zu Wort kommen, die in Kriegszeigen gross geworden sind und trotz materiellem und gesellschaftlichem Druck nie geheiratet haben.» *Neue Zürcher Zeitung*

«Schilderungen aus einer Zeit, in der für Frauen ein selbstbestimmtes Leben noch nicht selbstverständlich war, der Begriff Emanzipation noch nicht existierte.» *Schweizer Illustrierte*

Für die Unterstützung dieses Buches danken Autorin und Verlag

Ernst Göhner-Stiftung
Bollag Herzheimer Stiftung
Dr. Georg und Josi Guggenheim-Stiftung
Cassinelli-Vogel-Stiftung
Stadt Zürich Kultur
Emanzipationsstiftung
Ruth und Paul Wallach Stiftung
Jüdische Liberale Gemeinde Or Chadasch, Zürich
Verena Josephsohn
Adolf und Mary Mil-Stiftung
Alfred und Ilse Stammer-Mayer-Stiftung
und den achtundvierzig Unterstützern unseres Crowdfundings

ERNST GÖHNER STIFTUNG

Im Internet
› Informationen zu Autorinnen und Autoren
› Hinweise auf Veranstaltungen
› Links zu Rezensionen, Podcasts und Fernsehbeiträgen
› Schreiben Sie uns Ihre Meinung zu einem Buch
› Abonnieren Sie unsere Newsletter zu Veranstaltungen
und Neuerscheinungen
www.limmatverlag.ch

Das *wandelbare Verlagsjahreslogo* des Limmat Verlags
auf Seite 1 stammt aus einer Originalserie mit Frisuren
aus den letzten fünf Jahrhunderten von Anna Sommer.
www.annasommer.ch

Umschlagfotografien von Vera Markus

ISBN 978-3-85791-741-7